幸福是人类追求的终极目标
婚姻是实现幸福的载体

幸福婚姻的五种能力

如何建立长久而健康的亲密关系

XINGFU HUNYIN DE
WUZHONG NENGLI

明心橙 明心勇 著

北京理工大学出版社
BEIJING INSTITUTE OF TECHNOLOGY PRESS

版权专有　侵权必究

图书在版编目（CIP）数据

幸福婚姻的五种能力：如何建立长久而健康的亲密关系/明心橙，明心勇著. —北京：北京理工大学出版社，2022.3

ISBN 978-7-5763-0849-5

Ⅰ.①幸… Ⅱ.①明… ②明… Ⅲ.①婚姻-社会心理学-通俗读物 Ⅳ.①C913.13-49

中国版本图书馆CIP数据核字（2022）第018245号

出版发行 / 北京理工大学出版社有限责任公司	
社　　址 / 北京市海淀区中关村南大街5号	
邮　　编 / 100081	
电　　话 /（010）68914775（总编室）	
（010）82562903（教材售后服务热线）	
（010）68944723（其他图书服务热线）	
网　　址 / http://www.bitpress.com.cn	
经　　销 / 全国各地新华书店	
印　　刷 / 三河市华骏印务包装有限公司	
开　　本 / 880毫米×1230毫米　1/32	
印　　张 / 8	责任编辑 / 李慧智
字　　数 / 165千字	文案编辑 / 李慧智
版　　次 / 2022年3月第1版　2022年3月第1次印刷	责任校对 / 刘亚男
定　　价 / 52.00元	责任印制 / 施胜娟

图书出现印装质量问题，请拨打售后服务热线，本社负责调换

本书赞誉

明心夫妇写幸福婚姻的书,我觉得特别有说服力。首先他们做心理工作快20年了,而且自己的婚姻也经营得特别好。别人是一个人直播,他们是两口子直播;别人是各自工作,他们是一起创业。我想读过这本书,多多少少就能知道经营婚姻的密码了吧。

秋叶品牌创始人　秋叶

婚姻这门必修课,满分是幸福。我们带着对幸福的憧憬走入婚姻,却从未学习过如何经营婚姻获得幸福感。当看到明心橙与先生通电话时的温柔和甜蜜,我就知道他们夫妇一定掌握了幸福的密码。本书拨开婚姻的迷雾,描绘出一幅通往幸福的地图,相信每一位读者都会开卷有益。

火星营销咨询创始人、《你是孩子的光》作者　张小桃

个人成长中的持续行动,往往是一个人的持续行动:持续努力、持续学习、持续上进,让自己变得更好。而婚姻是两个

人共同的持续行动：持续表达爱意，持续接纳差异，持续克服困难，让个体与家庭更幸福。婚姻的持续行动要求更高、挑战更大、体验也会更丰盛。《幸福婚姻的五种能力》总结了持续幸福的 95 个关键点，梳理了通往幸福婚姻的关键路径，能让你对婚姻有更深刻的理解，早日获得这份名为"幸福婚姻"的人生礼物。

畅销书《持续行动》《刻意学习》作者　Scalers

幸福的婚姻都是相似的，或互补或包容。我们既是夫妻，又是创业伙伴，走了一路都很幸福，比较重要的一点就是没有尝试改变对方，也就是都拥有明心橙、明心勇两位老师提到的"接纳差异"的能力。让婚姻保鲜和幸福的五种能力就在这本书里，快去探索吧。

国际特级记忆大师、CCTV-1《挑战不可能》荣誉殿堂选手　张颖
世界记忆大师、《一学就会的记忆法》作者　陈仁鹏

经营一段婚姻很不容易，经营一段幸福的婚姻更难，然而明心夫妇用实际行动做到了！而且还研发出我们普通人就可以提升的秘籍，那就是"幸福婚姻的五种能力"！拜读完这本婚姻幸福宝典，我相信大家一定会和我一样，对幸福的婚姻充满期待和力量！

家庭教育专家、畅销书《不急不吼，轻松养出好孩子》作者　何小英

本书赞誉

幸福的婚姻,不一定是财富的加总;可糟糕的婚姻,一定是财富的灾难。我讲过很多婚姻财富规划的实操方法,我更建议你在遇到问题之前,就读一读明心橙夫妇的力作《幸福婚姻的五种能力》。这是一本让你读起来忍不住嘴角上扬,内心充满力量的幸福进阶指南。

朝财创始人、"北大财富女神" 王朝薇

"爱"是我们大部分人都需要刻意习得的能力,虽与生俱来,却践行不易,相信也正是因难见巧,这部作品才更为可贵。《幸福婚姻的五种能力》帮助我们构建了一座经营幸福婚姻的殿堂,这座殿堂不是为了彼此禁锢,而是相互"唤醒",唤醒差异,唤醒包容,唤醒需要,唤醒灵魂,唤醒爱。

"时间唤醒"理念提出者、《掌控 24 小时》作者、
创新投资人 尹慕言

幸福婚姻,你值得拥有(1)

在近20年的心理工作中,我和明心勇服务过很多企业,见过很多人。在一次企业服务中,我们遇到了这样一件事:

那是一家很小的营业机构,一共只有12个人,离婚的就有7位。白天,他们在单位努力工作,服从领导,团结同事,为客户和社会创造着价值。晚上回到家中,却没有一个心疼自己的人。

他们不是不想要幸福的婚姻,也不是学习力不强,而是在那个环境中,找不到一个学习幸福婚姻经营方法的有效途径,这一点让我感到很揪心。

我和明心勇,都是心理工作者,也是幸福婚姻的经营者。我觉得我们有义务,也有责任,将幸福婚姻的实践经验抽丝剥茧,总结出实用而有效的方法,分享给他们,分享给更多需要的人。

我把这个想法告诉了明心勇,得到了他的认可和大力支持。明心勇说,心理学应用的核心就是自助和助人,我们自己就是心理学和幸福婚姻的受益者。我们要总结出方法,让大家不但能经营好自己的幸福婚姻，还能在身边人遇到问题和困难时，有能力伸出援手。

于是，我们用了将近 7 年的时间，先是开发了幸福婚姻的系列课程、训练营和研习班，后又开始整理相关的系列图书。

你现在打开的，就是系列图书的第一本。通过"表达爱意""建立关系""接纳差异""规划婚姻"和"化解冲突"这 5 种能力，全面系统地诠释了一对夫妻如何在现有的婚姻生活中，先回归甜蜜恋人，再走向幸福婚姻。

本书包括 3 大部分，一共 8 章 45 节 95 个关键点。其中，第一部分，也就是本书的第 01 章，主要是通过一个真实案例的导入，解析了"为什么很多人做了各种尝试，婚姻依旧没什么变化"，到底"什么是幸福婚姻""幸福夫妻和普通夫妻的最大区别是什么"等焦点问题；并且透过现象看本质，找到了制约和影响婚姻幸福度的 5 个关键性问题，也就是"爱意消退""性格差异""角色错配""三观不清"和"意见分歧"；提出了经营幸福婚姻应具备的 5 种能力，以及婚姻生活的正向变化给我们个人带来的一系列影响和促进。

第二部分，也就是第 02 章到第 06 章。主要是围绕幸福婚姻的 5 种能力，从易到难，按照"表达爱意""建立关系""接纳差异""规划婚姻"和"化解冲突"的顺序，全面系统又深入浅出地介绍了一对幸福夫妻，是如何在现有婚姻生活中遇怪打怪，层层升级，通过 5 种能力的提升，把原本复杂而枯燥的婚姻生活，经营得鲜活而有生命力的。

这部分内容中，非常详尽地讲解了每种能力应用的方法步骤、

序 一
preface 1

关键点、切入点，以及应用时的注意事项，方便大家拿来就能用。

第三部分，也就是第07章、第08章。重点回答了在幸福婚姻5种能力的学习和实践中，大家提问比较多的一些问题。比如，"5种能力都很重要，从哪种开始实践""如何评估自己的婚姻现状""自己的能力现在处于哪个阶段"等；还有在生活实践中，如果"遇到困难想放弃""爱人不配合""婚姻中积累的问题太多"和"已经离婚了"等情况下，又该如何处理和应对。

这个部分对以上内容一一做了解答，并分享了帮助婚姻正向循环的4个准则。最后，还总结了幸福婚姻对于我们个人成长，对我们与爱人、家人、朋友和同事的和谐关系建设所带来的重要价值。

介绍完这本书的内容后，请允许我表达一下内心的感激之情，因为没有他们，就没有这本书的诞生。

我要感谢爱人明心勇的大力支持和专业加持。谢谢你这15年的陪伴与支持；谢谢你和我一起，把生活当作事业，将事业融入生活，经营我们的幸福婚姻；谢谢你和我一起，在有了写书的规划后，历时500余天，整理了几十万字，数易其稿，完成本书的撰写；谢谢你一次又一次陪我实现梦想。未来的路还很长，一路有你，一路风景。

感谢程爸、程妈和李爸、李妈，是你们的言传身教和无私陪伴，给了我和明心勇最初的幸福体验，激发了我们对美好婚姻的向往。现在，我们又通过这本书，分享给了更多人。

感谢我的儿子米乐，是你的出现，让我和爸爸放慢了脚步，对生活和生命有了更深层次的体悟；也是你全然的信任和灿烂的笑容，让我对幸福婚姻建设这件事充满了动力，想要帮助更多的爸爸妈妈，给孩子一个幸福的成长空间。

感谢秋叶大叔在个人品牌和图书写作上的指导与支持，以及阳米团队江晓露、蔡越和颜敏对书稿的用心反馈，让我们更加坚信幸福婚姻建设的重要性，也对幸福婚姻系列图书的整理与写作充满了信心。

感谢北京理工大学出版社秦庆瑞和闫凤华两位老师在图书出版上的指导，帮助我们不断优化结构，完善内容，以带给读者更好的阅读体验。

感谢罗兰·米勒、约翰·戈特曼、大卫·凯尔西等众多专家学者的研究成果，给本书提供了坚实的科学支撑。

最后，我要特别感谢杨阳、袁岳、刘亚楠等朋友分享的案例，给本书增加了很多生动的场景，方便更多读者朋友阅读理解。

近20年的心理工作中，我和明心勇走过了大半个中国，辅导过2 000多名来访者，访谈辅导员工10 000多人，培训学员上百万人。正是这些个人及家庭的成长与收获，让我们坚信，幸福婚姻教育普及有着巨大的社会价值。

幸福婚姻，每个人都值得拥有！愿所有渴望幸福婚姻的人，都能遇到这本书；愿每一位收获此书的人，都能掌握幸福婚姻的5种能力，拥有属于自己的幸福人生！

明心橙

2021年5月21日于北京

序二 preface 2

幸福婚姻,你值得拥有(2)

近20年的心理工作中,我和明心橙服务过很多企业,见过很多人。在一次企业服务结束后,明心橙告诉我:"老公,我们要想真正帮到职场人,就不能只限于职场环境中的心理服务,还要帮他们建设好幸福的家庭。"

接着,她就讲述了服务中遇到的事情。明心橙说:"他们工作那么努力,对幸福生活充满渴望,就因为缺少正确的认知和方法,结果婚姻变成了个人的阻力,而不是助力;不但自己受伤、孩子受挫、家人受累,还不得不放弃了原本可以更幸福的婚姻生活。看到他们这样,我觉得很心疼,也很惋惜。"

我非常理解明心橙的感受,也很赞同她的看法。每个人事业发展,都是为了追求美好的生活。如果因为缺少有效的方法,影响工作和家庭无法平衡发展,甚至因此放弃原本可以更加幸福而美好的婚姻生活,那将是一件非常可惜的事。

那次交流后,我和明心橙的心理学应用实践之路,开始发生微妙的变化。在给职场人提供心理服务时，我们不仅关注他们的事业发展，也更加关心他们幸福婚姻的建设和经营。

被誉为"积极心理学之父"的马丁·塞利格曼曾说过，心理学应用有3项使命，分别是治愈人的心理问题或精神疾病、帮助普通人获得幸福生活、鉴别和培养有天赋的人。同样，对于幸福婚姻的实践来讲，如果也有3项使命的话，那就是：解决婚姻中遇到的问题和挑战，助力夫妻同频成长、共同前行，提升婚姻幸福感。

幸福婚姻系列图书，是我和明心橙这15年建设幸福婚姻的实践心路，也是我们通过咨询、培训，帮助上万对恋人夫妻走上幸福婚姻建设道路的实践心得。

系列图书的第一本，也就是这本书，围绕幸福婚姻建设这条主线，以5种能力提升为目标，从婚姻中遇到的关键问题来切入，用实用有效的工具和方法做抓手，将心理学、管理学和社会学综合应用，可以说是助力夫妻同频成长、共同前行的操作指南。

本书的核心内容"幸福婚姻的5种能力"，从理论研究、实践验证，到整理出版，前后历时7年。长年的心理工作，让我们养成了"坚持实用性，用实践检验成果"的职业习惯，像心理学家们所倡导的那样，去挖掘"真理的真实价值"。

我们先是从以往大量的成功案例中，提炼并开发了幸福婚姻的系列课程、训练营和研习班，又在13 000多名学员的学习反馈基础上，本着实用实效的原则，将5种能力的模型和方法整理成书。

值得一提的是，在书稿整理过程中，我们曾遇到的一个难点，现在也是这本书的一大看点，那就是书中的内容，兼顾了妻子和丈夫两个视角，可以同时满足双方的成长需要。也就是说，家里备上

序二
preface 2

这本书，可以两个人一起阅读，相互探讨，共同实践。

本书的出版，感谢爱人明心橙10多年如一日，对于心理学造福社会这个梦想孜孜不倦的追求和持续实践；感谢李爸、李妈和程爸、程妈，以及哥哥姐姐弟弟妹妹，一直以来对我们事业发展和家庭建设的理解与支持；感谢米乐的快乐成长和相伴。

如果把幸福婚姻比作一座大厦，那么"规划婚姻"就是屋顶，"接纳差异"就是地基，"化解冲突"就是楼层，"建立关系"就是结构布局。还有一个"表达爱意"，它是什么呢？它就是幸福婚姻这座大厦的灵魂。

还等什么呢？现在就开始，来建设你的幸福婚姻吧！因为，幸福婚姻，你值得拥有！幸福婚姻，值得我们每一个追求美好生活的人为之持续努力！

明心勇
2021年5月20日于北京

{第01章}
是什么在影响我们的婚姻 / 001

　　影响婚姻幸福度的原因很多，总结起来主要是"一个消退和四个增多"。"一个消退"是指爱意消退，"四个增多"是指性格差异引发的矛盾增多、角色错配引发的争执增多、"三观"不清引发的危机增多和意见分歧引发的冲突增多。解决这5个问题的成果，就是每对夫妻都能走进幸福婚姻，去拥有属于自己的幸福人生。

☆ 为什么试了很多方法，婚姻依然没有变化 / 004

☆ 幸福婚姻是什么模样 / 007

☆ 幸福夫妻和普通夫妻的最大区别是什么 / 009

☆ 为什么婚前的爱意满满，变成了婚后的冲突不断 / 010

☆ 解决5个关键性问题，需要提升5种能力 / 014

☆ 婚姻生活变化带给我们的收获和启发 / 016

{ 第 02 章 }
能力一：表达爱意，让婚姻中的爱更加长久甜蜜 / 021

　　幸福婚姻的核心，是让爱情在婚姻中历久不衰。天然的爱情，会在 1～3 年后，逐步走向衰退。想要爱情长久，我们需要在婚姻中，不断给它注入爱的能量。

- ☆ 伴侣间的最大损耗，是接收不到对方的爱意 / 024
- ☆ 破译"爱的密码本"，才能读懂对方的心 / 025
- ☆ 21 种方法，让爱的表达更加容易 / 027
- ☆ 6 个能量团，让你的爱源源不断 / 029
- ☆ 给爱更多时间，给你的婚姻更多空间 / 040

{ 第 03 章 }
能力二：接纳差异，让夫妻成为彼此的助力 / 045

　　任何一对夫妻，哪怕彼此之间相似性再高，在"能量倾向""接收信息""处理信息"和"行为方式"上，也存在比较大的差异。

- ☆ 同样的性格，为什么婚前产生吸引，婚后导致矛盾 / 050
- ☆ 期待改造对方的皮格马利翁计划 / 051
- ☆ 4 个维度 8 个偏好，原来夫妻俩有这么多不同 / 053
- ☆ 测试你和爱人的心理偏好 / 063
- ☆ 性格差异没关系，一张表助你高效沟通 / 069
- ☆ 夫妻测评偏好一致怎么办 / 070

目录

{第 04 章}
能力三：建立关系，让婚姻既稳定又充满新意 / 075

幸福夫妻和普通夫妻相比，前者夫妻关系中的角色丰富多彩且一致性强，后者夫妻关系中的角色单一且常常会错配。

- ☆ 为什么婚后的人际交往会变少 / 079
- ☆ 从恋人到夫妻，再到父母，角色变化中，还发生了什么 / 080
- ☆ 4 个关系，助力婚姻稳定而多彩 / 082
- ☆ 3 个步骤，让你和爱人关系更亲密 / 090
- ☆ 不要让不平等的夫妻关系，影响你的婚姻 / 097
- ☆ 践行七字真言，做关系多样的幸福夫妻 / 098

{第 05 章}
能力四：规划婚姻，明确共同的发展方向 / 103

很多人不做职业规划，是因为企业或行业有设定好的发展通道；但也没有做婚姻规划，是因为压根没想到，幸福婚姻还能这样去规划。

- ☆ 为什么婚前还有目标，婚后却开始迷茫 / 106
- ☆ 4 个问题，帮你找到婚姻的方向和目标 / 107
- ☆ 想要规划落地，还需要系统思维 / 124
- ☆ 影响婚姻的 3 种思维模式，你属于哪一种 / 125
- ☆ 不同的思维模式，带来不同的婚姻走向 / 128
- ☆ 警惕婚姻规划中的错配现象 / 130
- ☆ 规划你的婚姻，然后不断落地实现 / 131

{ 第 06 章 }

能力五：化解冲突，促进夫妻同频成长 / 135

很多人一听到化解冲突，首先想到的就是要学习"沟通技术"，可单纯的沟通，只能让表达更清晰，却没有从根本上解决两个人遇到的实际问题。

- ☆ 为什么学了沟通技术和情绪管理，还解决不了冲突的问题 / 139
- ☆ 结束冲突的 5 种方式，你常用哪一种 / 140
- ☆ 5 个步骤，让冲突后的关系更加亲密 / 142
- ☆ 3 个原则，有效降低冲突的影响 / 155
- ☆ 将冲突变为彼此成长的契机 / 157

{ 第 07 章 }

评估婚姻现状，从最需要的开始 / 163

每个人心中都有自己理想的婚姻状态，如何实现，取决于自己的婚姻现状和当下的目标。不管是解决现有问题，还是提升婚姻幸福度，都要从最需要的能力开始逐一学习、持续实践。勤能补拙，在工作中适用，在幸福婚姻的经营中仍然是简单有效的方式。最终，我们不仅能掌握多种方法和五大能力，还能在婚姻中享受到快乐而幸福的时光。

- ☆ 5 种能力都很重要，从哪一种开始 / 165
- ☆ 5 个专项问卷，评估你的婚姻现状 / 167
- ☆ 确认你的需求，从最需要的开始 / 178
- ☆ 从开始学习到拥有能力，你处在哪个阶段 / 181
- ☆ 交替使用 5 种能力，谱写幸福的乐章 / 188

目录 contents

{第08章}
为自己的选择承担，持续前行 / 193

在婚姻经营中，幸福才是我们的终极目标。当遇到困难和挫折难以突破或准备放弃时，请回到最初的目标，重新审视自己的人生。通常情况下，导致婚姻无法幸福的原因，不只是努力不够或能力不行，还有在前行的道路上，常常被琐事牵绊或诱惑纷扰，忘记了自己的目标。

☆ 过程中遇到困难想放弃，该怎么办 / 195

☆ 自己想变，爱人不配合，该怎么办 / 198

☆ 婚姻中积累了太多问题，如何处理 / 203

☆ 已经离婚了，还要不要学习5种能力 / 210

☆ 4条准则，让你的婚姻进入正向循环 / 212

结语　幸福婚姻是人生的礼物 / 223

参考文献 / 227

第 01 章

是什么在影响我们的婚姻

影响婚姻幸福度的原因很多，总结起来主要是"一个消退和四个增多"。"一个消退"是指爱意消退，"四个增多"是指性格差异引发的矛盾增多、角色错配引发的争执增多、"三观"不清引发的危机增多和意见分歧引发的冲突增多。解决这 5 个问题的成果，就是每对夫妻都能走进幸福婚姻，去拥有属于自己的幸福人生。

北京通州幸福海岸咖啡馆，我坐在靠窗的位置上，品了一口咖啡，看着对面的杨阳。

杨阳，是我大学同学，十多年未见。一阵兴高采烈的叙旧后，她突然安静了下来，看着窗外，发起了呆。仿佛感受到了我的目光，她转过头，不好意思地笑了笑，声音淡淡地问我："这些年，你还在做心理工作吗？"

"对啊，"我微笑着回答她，"做婚姻心理教育，开办了幸福婚姻的研习班。"

"我有个问题，一直想问你，"杨阳说，"就是我想知道，和他在一起，婚姻还能幸福吗？"

我愣了一下，然后问："你说的这个'他'，指的是谁？"

"噢，当然是我老公。"杨阳笑着说，"我们结婚十几年，生活总体平稳，但这个念头时不时地就会冒出来。我觉得我俩能力都不弱，事业发展得也都不错；可一到婚姻里，我就经常觉得使不上力。"

"这个念头什么时候出现过？"我问。

"嗯，第一次，是在准备结婚的时候。我不确定婚后会不会幸福，就提了出来。他给我保证，说会尽其所能，和我一起经营幸福的婚姻。当时，我还挺感动的，觉得自己嫁对了人。

第01章
是什么在影响我们的婚姻

"然后就是结婚后,两个人出现矛盾时,我提到过几次。刚开始,他还说,他会好好工作,努力挣钱,让我和孩子过上更好的生活;后来,我再提到时,他开始不耐烦,觉得我不够信任他;再后来,他就说'我已经竭尽全力了,你还想要我怎么样?'"

"那最近的一次呢?"我接着询问。

"最近一次,是上个周末,我们一起吃饭。我问他,对我们现在的婚姻是否满意,他说,很满意:工作稳定,孩子上进,有房有车有余钱,吃得好,睡得饱,没病没灾的,还有什么不满意的?他还说我,就是整日闲的,胡思乱想,不懂得惜福。

"他的反应,让我有点失望。以前我会认为,我俩只是在婚姻经营理念上,有一些小分歧;现在看来,好像对幸福婚姻的内涵,两人的理解就不一样。

"所以,我就想趁着这次来北京开会,好好问问你:我和他在一起,婚姻还能幸福吗?像我这样的婚姻状况,正常吗?媒体上说,这些年我们国家的离婚率一直在增高,是不是很多婚姻都这样?如果想要婚姻幸福,我该怎么做呢?那些婚姻平淡的夫妻,都怎么过的呢?我这样下去,会离婚吗?"

为什么试了很多方法，婚姻依然没有变化

我理解杨阳的感受和困惑，她所问的问题，正是今天数亿的已婚人士和每年数百万离婚者常常提出的疑问。为了寻找答案，他们做了各种尝试。有的人会问朋友，或者父母家人，但得到的答案，往往是一些经营婚姻的经验或教训；有的人会看网络文章，强烈的共鸣后，却发现很难迁移到自己的婚姻中，去解决遇到的具体问题。

还有的人会看综艺节目，相亲的、爱情保鲜的，还有夫妻秀恩爱的。节目本身，寓教于乐，对自己会有启发，也可以借鉴，但要想用来指导自己经营婚姻，就有些"远水解不了近渴"了，看一看挺热闹，实际上，大多是望梅止渴。

于是，他们有的开始买书学习。有买婚姻关系研究的书，有买婚恋案例辅导的书，有买介绍夫妻沟通技巧的书，也有买婚恋生活感悟的书。这些书籍，特点不同，各有价值。但在阅读中也会发现，太专业的书，多是学术性语言和研究数据，理解起来有难度；偏感悟的书，读起来很轻松，但对婚姻的整体经营，又缺乏系统讲解。

有的开始找专业人士做一对一辅导。半年、一年、两年，花了几千元甚至是几万元；还有的去参加各类成长课程，少的花费数万元，多的高达几十万元。在咨询辅导和课程学习的过

程中，充满了新奇和快乐，对自己的婚姻也有了新的认知。但遗憾的是，这些美好的体验和学到的方法，一回到家中，大多被束之高阁，于是"方法还是那些方法，婚姻还是原来的那个婚姻"。

正如杨阳自己所说，尝试了各种方法后，困惑依旧，问题还在。在寻找答案的过程中，她曾经放弃过，但又不甘心，只能一次又一次询问自己的内心："和他在一起，婚姻还能幸福吗？""我的婚姻，就这样了吗？""我是要走出现在的婚姻，还是继续寻找经营幸福婚姻的方法？""我这一生，还能过上幸福的婚姻生活吗？"

清晰明确地回答这类问题，是我和明心勇写作本书的目标。不是原来的课程、图书、文章，或者各式各样的学习没有益处，而是我们忽略了一个真相，那就是：碎片化的知识学习，对于解决婚姻中遇到的具体问题，可能会有所帮助；但**婚姻是一个系统工程，两个人想要从一对甜蜜恋人，成长为一对幸福夫妻，需要知道自己想要的幸福婚姻是什么模样，并且掌握经营幸福婚姻的 5 种能力。**

在杨阳提出的问题中，我们可以看出，在日常生活中，她和爱人的爱意缺乏、性格差异，以及对于幸福婚姻目标的不清晰和不统一，造成了他们经营婚姻过程中的很多摩擦和不确定。当天交流中，我给杨阳的建议是，先从"表达爱意"开始学习。和爱人一起，先回归一对甜蜜恋人，再向幸福夫妻进发。

一个月后，我收到杨阳的信息反馈："这些年来，我一直在寻找幸福婚姻的方法，也学习了国内外很多关于婚姻中表达爱的课程。但与你深度交流后，我才知道，原来幸福不在外面，就在我心里。当我按照你所说的'幸福婚姻的5种能力'，开始一点一点地听课学习后，我才发现，以前的很多时光都被自己浪费了。我现在越来越笃定，这就是我想要的幸福婚姻的方向和目标，我会和你一起前行。"

我和明心勇在多年的婚姻心理教育工作中发现，很多夫妻在经营婚姻的过程中，都没有具备这5种能力。有的夫妻只是通过学习，掌握了其中一两种能力，婚姻的现状就得到了改善，幸福度也有了提高。

而我们俩，之所以能够10多年时间在职场心理学和婚姻心理教育领域中持续实践和研究的根本原因就是，这项实践和研究，不但可以帮助自己收获婚姻生活中的幸福感，还可以通过分享，来帮助到更多人走上幸福婚姻的前行道路，收获原本就属于自己的幸福婚姻。

所以，如果你也像杨阳一样，问过自己或别人："我和他在一起，婚姻还能幸福吗？"那么，我可以清晰地告诉你，此时此刻，这个问题在你心中，答案就在你的手里。想要实现婚姻中的幸福，你和爱人可以伴随着本书一起成长、一道前行。当然，如果你的爱人还没有学习和掌握这些能力，我们也不要对他有过高的期待；如果你想要和他一起，进入幸福婚姻，那就自己先着手澄清幸福婚姻的模样，提升经营幸福婚姻的5种能力。

幸福婚姻是什么模样

一对恋人准备结婚时,我们常常会问他们,"婚房准备好了吗?""婚期订了吗?"在祝福他们时,也常常会说"百年好合""早生贵子""夫妻恩爱""白头偕老"。其实,除了这些,我们还可以问一问他们:"你们准备好建设一份幸福的婚姻了吗?"

幸福,是人类共同追求的终极目标,也被称为人类的终极财富;婚姻,是助力人们实现幸福的最佳载体。这些年,借助心理学实践和研究工作,我和明心勇走过中国 20 多个省 100 多个地市,与 10 000 多名个人包括职场人士、恋人和夫妻,做过深入的访谈交流。工作期间,我们会入住服务企业安排的商务酒店;工作结束后,我们就会住进当地民宿,四处走走看看,与当地人交流,体会不同的风土文化和地方风情。

在一个文化小镇,我们遇到过这样一对夫妻。他们每天傍晚,在路边摆面摊,男的拉面、下面,女的收钱、招呼客户。我和明心勇来这里,吃过 3 次面。吸引我们过来的,除了他家的拉面外,还有他们夫妻互动时的状态。男的安静、女的热情;各自忙碌的过程中,看到对方,还不忘给个灿烂的笑容;两个人配合默契,其乐融融。我说这是幸福的味道;明心勇说,这就是一份幸福的婚姻。

梁实秋说过:"以爱情为基础的婚姻,乃是人间无可比拟的幸福。"奥斯瓦尔德·施瓦茨也说:"美满的婚姻是人生最大的幸福之一。"我和明心勇这些年遇到的最大困惑，不是无法帮助人们实现幸福婚姻的状态，而是如何用一种理性的方式，去深刻地描绘出一份感性的幸福婚姻的模样。

那幸福婚姻到底是什么模样呢？

哈佛大学的泰勒·本－沙哈尔（Tal Ben-Shahar）博士在《幸福的方法》研究中，将幸福定义为"快乐与意义的结合"。他在书中写道："真正快乐的人，能够在自己觉得有意义的生活方式里享受它的点点滴滴。即使有时经历痛苦，人在总体上仍然可以是幸福的。"

我和明心勇认为，一份幸福的婚姻，是爱情与时间的结合。**真正的爱情，能够在实现两个人共同目标的旅程中爱意不减，并绽放出新的光彩。即使有时会有小分歧、小摩擦和小争执，这份婚姻总体上依然可以很幸福。**

前不久，我参加一个俱乐部活动，席间，有人提出疑问："怎样才算是幸福的婚姻？"

我刚想回答，手机响了。低头一看，屏幕上有个"^-^"形状的笑脸符号，正欢快地闪烁着，这是明心勇在我通讯录中的名字。我开心地接通电话，原来是他看时间有些晚了，准备先带米乐[①]休息，同时提醒我回去路上注意安全。接收到他满满的关心后，我乐呵呵地挂断了电话，抬头一看，发现大家都在笑。

刚才提问的朋友说："看到你和老公打电话，我知道幸福

[①] 米乐是我们的孩子，当时4岁。

婚姻是什么模样了,声音那么温柔,眉眼都带着笑,好甜好幸福。"

幸福夫妻和普通夫妻的最大区别是什么

罗兰·米勒在《亲密关系》一书中,使用相互依赖理论,来阐述了亲密关系中的社会交换:某一特定的人际交往所带来的奖赏和代价之和就是结果。

结果 = 奖赏 – 代价

我和明心勇认为,如果一对夫妻在经营婚姻的过程中,从伴侣那里得到的爱意(奖赏),大于两人之间的日常消耗(代价),那么,这份婚姻所带来的愉悦感和幸福感就会更高;反之,就会滑向痛苦婚姻的边缘。

幸福夫妻与痛苦夫妻相比,最大的区别,不是在经营婚姻过程中,会遇到较少的难题和挫折,而是在面对难题和挫折时,他们会表现出一种积极、乐观的心理状态,让婚姻朝着正确的方向去发展。

婚姻专家约翰·戈特曼(John Gottman)将这种"积极的想法和情绪"称为婚姻情商,我和明心勇喜欢把它称为"爱的能量团"。一对夫妻在婚姻中幸福还是不幸福,看一看他们日常互动中,是爱意多,还是冲突多,基本就清楚了。

为什么婚前的爱意满满,变成了婚后的冲突不断

如果说,每对夫妻在恋爱时都是爱意满满,那为什么进入婚姻后,绝大多数的夫妻都会出现爱意消减、矛盾和冲突增多的现象呢?

这是因为,任何一对夫妻在进入婚姻后,随着时间的推移,都会经历婚姻中的"一个消退和四个增多";只有极少数掌握幸福婚姻能力和方法的夫妻,才能有效地避免或减缓这一情况的发生。我和明心勇,把婚姻中的"一个消退和四个增多",也称为影响婚姻幸福度的5个关键性问题。具体是指什么呢?

首先,"一个消退",是指爱意消退。

结婚3年的林娜,在辅导中描述了自己的婚姻现状,她说:"谈恋爱时,我老公每天都接我下班,经常给我送花,还变着法地带我去吃好的,那时候,我以为这就是嫁给爱情的样子,甜蜜得冒泡。没想到,这结婚后,不但花没了,连两个人单独出去吃个饭,都成了奢侈的。尤其是有了孩子之后,他对我基本上是不管不顾了。"

很多夫妻都有和林娜相似的情况,事实上,人际关系科学研究中早就发现,人们结婚之后浪漫的爱情会减弱(Sprecher et al., 1998)。而随着时间的流逝,人们在浪漫和爱之激情量表上的得分都会下降(Tucker et al., 1993)。

还有研究表明,结婚2年之后,夫妻间平均表达出的情

爱，会比他们刚结婚时减少一半（Huston et al., 1994）。在鲁宾爱情量表（Rubin, 1973）测试中，结婚 10 年之后仍维持婚姻的浪漫夫妻得分，要远远低于结婚只有一两年的浪漫夫妻的得分。

那是不是说，所有的爱情都会在婚后持续消退呢？也不完全是。比如说，相伴之爱就不依赖于激情，它比浪漫之爱更为稳定（米勒，2015）[265]。所以，当爱情充满激情时，会使人们彼此成双配对；而充满友谊时，则会让爱情关系历久不衰。

> 伦敦大学学院的两位神经生物学家安德烈亚·巴特尔斯与萨米尔·泽基在一项研究中发现：人脑中有个"爱情环"，能够控制爱情。这个"爱情环"由 4 小块区域形成，分别是腹侧被盖区、伏隔核、腹侧苍白球和中缝核。热恋中的人脑，腹侧被盖区会分泌大量多巴胺。作为神经传导物质，多巴胺传递喜悦兴奋感，被称为"幸福激素"。
>
> 爱情给人们带来的情绪体验，远不止这些。纽约市爱因斯坦医学院的神经学教授露西·布朗博士与海伦·费舍尔博士的研究小组，在相恋 20 年仍爱意不减的人群中进行实验。大脑扫描图显示，被试对象在观看爱人照片时，除了腹侧被盖区，腹侧苍白球和中缝核区域也变亮。腹侧苍白球主管爱慕情感和减压激素，中缝核负责释放 5- 羟色胺，这种物质"让人心情平静"。

其次，"四个增多"，是指性格差异引发的矛盾增多、角色

错配引发的争执增多、"三观"不清引发的危机增多和意见分歧引发的冲突增多。

肖肖是幸福婚姻研习班的学员。刚进班时,她说:"我现在对婚姻没有太高的期望,更不奢求还能幸福,就想着,如果两个人能不吵架就好了,哪怕少吵点也行啊。"

在肖肖对于一日婚姻生活的描述中,夫妻俩的交流,几乎全是以抱怨开始,用争执结束的。

她这样写道:"每次吵完架,我还气得要死,他已经闷头睡着了。虽然他就在旁边,可我却感觉很孤独。那么大的房间里,好像只有我一个人,靠在床头上,看着窗帘缝里的那一线夜空发呆。同样的夜晚,以前会觉得安静而美好,现在,只感觉莫名的冷,冷得我连眼泪都没了。这样的日子,我还能挣扎多久,到底什么时候才是个头呢?"

"我不敢再想下去,就这样睁着眼睛看着外面,直到两只眼睛疼得睁不开,我才慢慢地滑进被窝,抱着自己蜷缩在那儿,一点点睡着。"

现在再看肖肖的描述,我依然感觉很揪心。你知道吗?再亲密的爱人,也会产生分歧和冲突。夫妻间的分歧、摩擦、争执和冲突,从两人建立关系以来,就没有停歇过。而很多夫妻的感情,就在一次次争执和冲突中,消磨殆尽。

婚姻中,有很多因素会影响夫妻间产生冲突。我和明心勇研究了数千份婚姻辅导案例后,发现导致夫妻冲突频繁发生的原因主要有以下4个:

一是性格差异。在亲密关系研究中发现,由于性格差异引发的矛盾冲突，可以解释一对夫妻 1/3 以上的打斗和争吵（Erbert，2000）。

二是角色错配。几乎所有的恋人或夫妻发生分歧和冲突的背后，都会出现角色错位或错配的问题。而幸福夫妻和普通夫妻相比，前者夫妻角色丰富多彩，一致性强；后者夫妻角色单一，还常常错配。这一点很容易被大家所忽略，却可以衡量出一对夫妻婚姻生活质量的高低。

三是"三观"不清。婚姻中的"三观"，影响着夫妻在婚姻中的前行方向。"三观"清晰、目标明确且符合度高的夫妻，婚姻的稳定度更高；而"三观"不清的问题，不仅会增加婚姻中冲突的频度和强度，处理不好，还会增加婚姻解体的风险。

四是意见分歧。同一件事，每个人会有不同的视角和看法。而人们解决这些意见分歧的方式，往往是退让或妥协。也就是一方为了迎合另一方的视角，放弃自己的观点，或者是双方为了避免冲突升级，各退一步。事实上，对冲突的回避，不但没有解决分歧，反而会让彼此对亲密关系更不满意。

虽然这些矛盾、争执、冲突和危机，会给我们的婚姻造成困境，但要是处理得好，也会对婚姻生活产生积极的促进作用。就像约翰·戈特曼说的，"我所能给予那些想要婚姻成功的男性的最重要建议是，不要试图回避冲突"（Gottman，1994）。如果能娴熟、有技巧地处理冲突，而不是让冲突不出现，那亲密关系更有可能得到发展（Fincham，2003）。

解决 5 个关键性问题,需要提升 5 种能力

怎样才能解决影响婚姻幸福度的这 5 个关键问题呢?我和明心勇在 10 多年的幸福婚姻实践和婚姻心理教育工作中,发现并整理出了幸福婚姻能力建设的五维模型(如图 1.1 所示)。

图1.1 幸福婚姻能力建设的五维模型

第一种能力,表达爱意。主要解决婚后"爱意消退"和不知道如何在婚姻中让爱意持久的问题。

第二种能力,接纳差异。通过心理类型理论在婚姻中的应用,帮助大家有效解决因"性格差异"而产生的各类矛盾。

第三种能力,建立关系。通过幸福夫妻的 4 个平等角色和关系的对应使用,解决婚姻中"关系和角色单一与错配"带来的困扰,让婚姻生活更丰富多彩。

第四种能力，规划婚姻。掌握婚姻经营中"人、事、钱和生活方式"的4层规划，确立一个幸福婚姻的前行方向和目标。

第五种能力，化解冲突。借助每一次矛盾和冲突的化解，助力夫妻在追求幸福婚姻的道路上，同频成长，共同前行。

这五种能力是如何被发现并验证有效的呢？在婚后2年多的时间里，我和明心勇完成了对幸福婚姻5种能力的探索和实践；之后又用了10多年时间，在心理教育工作中，持续进行了各种能力的应用和检验。

首先，我们研究了国内外大量婚姻关系方面的书籍和应用案例。通过研究发现，在这些案例所记录的婚姻中遇到的问题，都没有超出"一个消退和四个增多"，而围绕问题制定的有效解决方案，也没有超出幸福婚姻的5种能力。

接下来，我和明心勇开始在婚姻辅导中应用幸福婚姻能力建设的五维模型。在2 000多例职场人婚姻辅导的案例中，应用该模型，可以快速帮助求助者发现婚姻经营中的问题，学习掌握有效的应对方法，极大地缩短了辅导周期，提高了辅导效率和效果。

然后，我和明心勇又围绕幸福婚姻的5种能力，陆续上线了幸福婚姻系列课程和训练营。在13 000多名学员中，我们收到了大量的作业反馈和课程评价。大家普遍反馈，"夫妻相处模式得到改善""夫妻关系得到加强""婚姻中爱意增多、冲突减少""幸福感显著提升"。

在我和明心勇相继进入心理学领域的第20年，也是两个人走入幸福婚姻的第13个年头，我们决定将幸福婚姻的5种能力，整理成文字，以图书的形式分享给更多人，助力更多的恋人、夫妻和伴侣，都能走进幸福婚姻，拥有属于自己的幸福人生。

婚姻生活变化带给我们的收获和启发

杨阳是 3 年前来找我做的交流。此后，我多次收到她的信息反馈。在这些信息中，她不断分享着自己因婚姻生活变化而带来的收获和启发。她说："以前我听到'从此他们就过上了幸福的生活'，会认为只是一个童话故事的结尾；但现在，我真切地体会到，原来真的可以和他一起过上幸福的生活。"

她曾不止一次兴奋地对我说，"昨晚做梦竟然笑醒了""现在老公在家喜欢哼歌了""我原先每年都会生些小病，今年连这些小毛病也没有了""亲爱的，给你发两张照片，你有没有发现，我现在越来越漂亮了"。

在亲密关系研究中发现，缺乏亲密关系的人的死亡率，是正常人的 2～3 倍（Berkman et al.，2000）；具有亲密关系的人比单身生活的人更幸福、健康和长寿（Koball et al.，2010）。

就像约翰·戈特曼说的，"如果健身爱好者每周从健身的时间匀出 10% 的时间，来锻炼他们的婚姻而不只是他们的身体，他们在健康方面获得的好处将是在跑步机上跑步的 3 倍"（戈特曼，2014）[7]。

而且，改变远不只是这些。在杨阳的婚姻朝着幸福与甜蜜方向发展的同时，孩子、父母、同事、客户等关系也都有了进一步的改善。

在她给我的信息中曾提到："亲爱的，你知道吗？我和老公在家秀恩爱，儿子见了抿嘴笑。我现在发现，我们夫妻感情好了之后，他学习的专注力也越来越高了。"

"亲爱的，给你寄了一筒茶叶，这是我一个客户送我的，上次我只是给她反馈了一点婚姻方面的小建议，她说用了效果特别好，所以给我送了好几样小礼物。"

"亲爱的，我和同事的关系现在越来越好，以前会被负面情绪带跑，现在我成了正向情绪的源头。"

前不久，杨阳又发信息给我："前两天，我回家看爸妈，他们说看到我幸福的样子，他们很高兴，还一个劲儿地表扬我老公，说我嫁对了人。"

"更有趣的是，上周末公公婆婆才对我老公说'能娶到阳阳做媳妇，是你上辈子修来的福气'，老公边听边乐，搞得我都不好意思了。"

杨阳的幸福婚姻还在继续，而类似杨阳这样的婚姻成长案例还在不断增加，持续发生。正如积极心理学家桑妮娅·吕波密斯基、劳拉·金以及埃德·迪纳所提出的："幸福的人在生活的各种层面都非常成功，包括婚姻、友谊、收入、工作表现以及健康状况。"

有人说："世界上最难经营的企业，是婚姻；最难相处的关系，是夫妻。"在我和明心勇的心中，答案却是：会者不难。难，只是你还没有具备经营幸福婚姻的能力。

本书所举案例，全部来自我和明心勇在企业心理服务、幸福婚姻研习班和婚姻辅导中的真实案例。为保护他们的隐私，我们更改了他们的姓名和所在城市。希望这些鲜活的案例能让你也感受到：阳光总在风雨后，幸福婚姻我们都值得拥有。

最后，我以罗伊·克里夫特的一首小诗《爱》来结束本章内容。

爱
——罗伊·克里夫特

我爱你，不光因为你的样子，
还因为，和你在一起时，我的样子。
我爱你，不光因为你为我而做的事，
还因为，为了你，我能做成的事。
我爱你，因为你能唤出，我最真的那部分；
我爱你，因为你穿越我心灵的旷野，
如同阳光穿透水晶般容易。
我的傻气，我的弱点，在你的目光里几乎不存在，
而我心里最美丽的地方，却被你的光芒照得通亮。
别人都不曾费心走那么远，别人都觉得寻找太麻烦，
所以没人发现过我的美丽，所以没人到过这里。
我爱你，因为你将我的生活化腐朽为神奇。
因为有你，我的生命，不再是平凡的旅店，

> 而成了恢宏的庙宇，
> 我日复一日的工作里，
> 不再充满抱怨，而是美妙的旋律。
> 我爱你，因为你比信念更能使我的生活变得无比美好，
> 因为你比命运更能使我的生活变得充满欢乐。
> 而你做出这一切的一切，不费一丝力气，
> 一句言辞，一个暗示。
> 你做出这一切的一切，只是因为你就是你，
> 也许，这才是爱的终极真谛。

爱，是幸福婚姻的主旋律；幸福，是不断幸福的实践过程。虽然亚里士多德说："幸福是生命本身的意图和意义，是人类存在的目标和终点。"但在经营幸福婚姻的道路上，幸福没有终点，只是一个更加幸福的过程，而我们就是经营这幸福婚姻的主人。

重点回顾

每个人的婚姻中都会出现"一个消退"和"四个增多"。其中，"一个消退"是指爱意消退；四个增多是指性格差异引发的矛盾增多、角色错配引发的争执增多、"三观"不清引发的危机增多和意见分歧引发的冲突增多。

感悟与思考

在人类目标追求中，幸福被称为终点站。婚姻是实现幸

福的最佳载体,实现幸福婚姻,过上幸福生活,也是每对夫妻经营婚姻的方向和目标。

一、和爱人一起,尝试去描述一下:什么样的婚姻,是两个人都想要的幸福婚姻?在描述过程中,注意总结关键点,也就是达到了哪些指标,两人在现有婚姻生活中,就会感到幸福美满。

二、在身边找到1~3对婚姻幸福的伴侣,观察他们在婚姻经营中,哪些方面做得比较好,是你和爱人可以参照学习的榜样;哪些地方还需要改善,可以如何改善。

三、想一想:幸福婚姻会对你的身心健康产生哪些影响?会对你的工作和家庭生活有哪些促进?会对亲子关系以及与长辈的关系有哪些帮助?会对其他关系的应用,有哪些启发?

四、回顾你和爱人在遇到问题和困难时,是积极、乐观、主动地去想解决办法,还是消极等待,或者相互避让,等对方来解决问题?当问题出现时,你和爱人是主动承担,还是会相互埋怨?当问题解决后,你和爱人是认为自己的功劳更大些,还是会先去赞赏对方的付出和努力?

五、在本章的学习中,我们了解到,如果一对夫妻在婚姻经营过程中,从伴侣那里得到的爱意(奖赏),大于两人之间的日常消耗(代价),婚姻所带来的愉悦感和幸福感就会更高;反之,就会滑向痛苦婚姻的边缘。那么,在婚姻经营中,你和爱人是表达爱意多,还是分歧冲突多?在表达爱意方面,你尝试过哪些方法,效果如何?又因为什么原因产生过分歧冲突?尝试过哪些解决方法,效果如何?

第 02 章

能力一：表达爱意，让婚姻中的爱更加长久甜蜜

幸福婚姻的核心，是让爱情在婚姻中历久不衰。天然的爱情，会在 1～3 年后，逐步走向衰退。想要爱情长久，我们需要在婚姻中，不断给它注入爱的能量。

每个人都希望自己的婚姻能够幸福。很多人早在学生时期，就对自己未来的伴侣，有了朦胧的期许，向往着有一天，能和他邂逅于茫茫人海中，谈一段浪漫的恋爱，进入一段幸福的婚姻，可现实和自己想象的一样吗？

在关于爱情的研究中发现，"纯天然"的爱情，会在1～3年内逐步走向衰退。情侣间恋恋不舍、意乱情迷的遐想状态，会在双方相处15个月内开始淡化，10年后渐变为亲人般的情感。只有那些极少数懂得经营婚姻的人，会转化成相濡以沫的爱情，这样爱情不仅不会在产生亲人般的情感后消失，还会在婚姻发展过程中，孕育出新的能量，绽放出新的光彩。

爱情，是幸福婚姻的基石；但在婚姻中，爱情却会随时间慢慢消逝。所以，想要收获幸福婚姻，我们首先要做的就是，正视爱意消退的问题，并提升表达爱意的能力。

袁岳，男，35岁，大学老师，结婚7年。这是他第二次找我做辅导，上次我们交流了他的事业发展，这次他想谈谈婚姻生活。

"我和爱人准备离婚了，但在离婚前，我想知道，到底是我爱她多一些，还是她爱我多一些？"袁岳一开始就提出了他最关心的问题。

"那你们在给对方表达爱时，都会做些什么呢？"我边听边询问。

袁岳说:"她会抽时间陪我,给我做饭,陪我看电视,见朋友,逛公园;我呢,每次出差,都会给她捎一些当地特色的小礼物。"

我告诉他:"从成本上来说,她爱你,比你爱她多一些。因为,她使用的是不可再生资源——时间;而你使用的是可再生资源——金钱。"

"噢,我明白了,"袁岳想了一下,接着问,"既然她这么爱我,那为什么还要和我离婚呢?"

听到这个问题,我反问他:"你们结婚7年了,如果加上恋爱时间,肯定超过7年。在一起这么长时间,你知道她喜欢看什么,喜欢听什么,喜欢闻什么,喜欢吃什么,喜欢做什么吗?其中,你曾经做过哪些尝试和改善呢?"

袁岳想了好一会儿,然后说:"这些年,都是她在照顾我,她几乎知道我所有喜欢的事。可我对她,却一无所知。"

袁岳遇到的婚姻问题,是目前很多夫妻关系中都会出现的。他们以为,爱情进入婚姻,就是进了保险箱;事实上恰恰相反,正是因为我们进入了婚姻,才要更加精心地去呵护爱情。因为,爱情会随着时间自然消退,就像行驶的车辆需要加油或充电一样,我们也要给婚姻持续注入爱的能量。

伴侣间的最大损耗，是接收不到对方的爱意

如何在婚姻中增加爱的能量？很多婚姻专家和亲密关系专家都告诉我们：大多数夫妻不是没有表达爱意，而是在表达时，不了解对方接收信息的偏好。所以，一方认为已经传递，而另一方却没有接收到，这才是伴侣之间表达爱意时的最大损耗。

亦珊是幸福婚姻研习班的学员，在一次视频交流活动中，她告诉大家："我老公就是个榆木疙瘩，日常生活中，我几乎接收不到他表达的爱意。"话音刚落，她老公刚好走进房间，先是轻轻地问候了一声，然后在她面前，放了一颗樱桃，又悄悄地离开了。

亦珊不好意思地拿着那颗樱桃，对大家讲："你们看，不打招呼就进来了，还就送了一颗樱桃。"看到这些的其他学员，纷纷笑着提醒她："你老公好浪漫啊""他给你送来了'爱的礼物'呢"。没错，亦珊的老公使用"爱的礼物"来表达了爱，可惜，这不是亦珊喜欢的方式，所以，她没有接收到对方传递的爱意。

心理学中，有一个简单的人际沟通模型，有效地解释了夫妻间传递爱意时所造成的损耗（如图 2.1 所示）。

图2.1 人际沟通的简单模型

在传递者想表达的信息和接收者认为自己获知的内容之间，通常存在差别，这就是我们日常生活中所说的人际隔阂（米勒，2015）[143]。而造成人际隔阂的主要原因，是人际沟通中"编码"和"解码"的不同。正如盖瑞·查普曼在《爱的五种语言》中所提出的，每个人说着不同的爱的语言，想要真正表达爱，你就要了解伴侣喜爱的接收方式，也就是他（她）所熟悉的爱的语言。

一对夫妻在表达爱时"编码"和"解码"的不同，会持续造成婚姻经营中"奖赏"价值的降低和沟通"代价"的增高。所以，夫妻沟通中，"编解码"方式是否正确，是幸福婚姻和不幸婚姻的本质区别之一。

幸福婚姻中的夫妻，会关注对方的"解码"方式，来修正自己表达爱意时的"编码"；而不幸婚姻中的夫妻，则更多的是用自己熟悉的"编码"方式，去传递绝大多数爱的讯息。于是，在日常生活中，我们经常会看到类似亦珊和她老公之间的误解。这些误解，如果不做有效调整，还会在婚姻生活中持续发生。

破译"爱的密码本"，才能读懂对方的心

我和明心勇鼓励夫妻在表达爱意时，统一两个人的"编码"和"解码"方式。这就像两个收发报的通信兵，他们会共同学

习和使用同一套密码本。

在亲密关系研究中发现,幸福的爱人就连谈话方式也与不太亲密的伴侣不同(米勒,2015)[163]。他们可能有着双方都能明白的独特暗语或比喻用语,他们使用的惯用语越多,就越幸福美满(Dunleavy et al.,2009),这是因为他们在使用彼此熟知的爱的语言。

在幸福婚姻研习班"表达爱意"的主题训练中,我和明心勇公布了一对幸福夫妻制作"爱的密码本"的密钥系统(见表2.1)。当学员们按照人体接收信息的6种方式,也就是"视、听、嗅、味、触"五感,和包含直觉(第六感)的"综合"这6种方式,来制作完成"爱的密码本"后,他们不仅顺利破译了彼此爱的密语,还实现了伴侣间心与心的碰撞和交融。

表2.1 爱的密码本

项目	老婆喜爱的方式	老公喜爱的方式
视觉	看到你……时,我接收到了你的爱	看到你……时,我接收到了你的爱
听觉	听到你……时,我接收到了你的爱	听到你……时,我接收到了你的爱
嗅觉	闻到你……时,我接收到了你的爱	闻到你……时,我接收到了你的爱
味觉	尝到你……时,我接收到了你的爱	尝到你……时,我接收到了你的爱
触觉	当你抚摸我……时,我接收到了你的爱	当你抚摸我……时,我接收到了你的爱
综合(包含直觉)	我喜欢和你一起做……事	我喜欢和你一起做……事

对爱的密码的解析，打破了夫妻之间传递爱意的壁垒。一对对夫妻，不断地反馈着收获的喜悦。有学员说："我现在是带着甜蜜入睡，带着微笑醒来。以前只有热恋时，才有这样的感受。10多年的婚姻生活，这次沟通，好像打通了两个人内心爱的通道，一下子就回到了最初恋爱时的感觉。"

还有的学员和爱人一起制作了"爱的密码本"后写道："再也不用因为不知道怎么表达爱而发愁了。以前，爱人总说我不够爱她，我觉得很委屈。通过这次学习，我才清晰地认识到，表达爱，也需要学习正确的方法，学会正确解读对方爱的密码。"

这也验证了亲密关系研究中得出的结论：对于亲密表露多的人，比那些保留自己信息的人更招人喜爱（Sprecher et al., 2011）。与那些只是肤浅闲聊的人相比，能触及人性的深入交谈和彼此敞开心扉的人更加健康（Sloan, 2010），对生活也更为满意（Mehl et al., 2010）。

21种方法，让爱的表达更加容易

制作完"爱的密码本"后，为了帮助大家将表达爱意更好地融入日常生活，我和明心勇又分享了我们自己日常表达爱的21种方法（见表2.2）。

表 2.2　表达爱的 21 种方法

视觉	听觉	嗅觉	味觉	触觉	综合（包含直觉）
爱的眼神 爱的呵护 爱的信使 爱的思念	爱的问候 爱的赞美 爱的支持 爱的表白 爱的回应 爱的理解 爱的声音	爱的芬芳	爱的味道 爱的餐点	爱的牵手 爱的拥抱 爱的放松	爱的反思 爱的陪伴 爱的约会 爱的礼物

其中，借助视觉表达爱意的方法有"爱的眼神""爱的呵护""爱的信使"和"爱的思念"；借助听觉表达爱意的有"爱的问候""爱的赞美""爱的支持""爱的表白""爱的回应""爱的理解"和"爱的声音"；借助嗅觉表达爱意的有"爱的芬芳"；借助味觉表达爱意的有"爱的味道"和"爱的餐点"；借助触觉表达爱意的有"爱的牵手""爱的拥抱""爱的放松"；还有包含直觉的综合表达方法，"爱的反思""爱的陪伴""爱的约会"和"爱的礼物"。

对我和明心勇来讲，这些表达爱的方法都无须刻意，而是很自然地融入了日常生活中。比如，每天早上醒来，看到对方，微笑着问候一声"老公/老婆，早上好啊"；晚上睡觉前，躺在床上，握着对方的手，轻轻地说声"晚安"。每次吃到明心勇做的美食，我都会由衷地告诉他："老公，这也太好吃了吧，谢谢你哦。"而他穿上我买的衣服时，也会说："老婆，你眼光太好了，我很喜欢这件衣服。"

像这样的时刻，还有很多，都发生在我们 13 年婚姻生活的点滴之中。就像普兰特斯·马德福所说："爱是一种元素，虽然肉眼看不见，却如空气或水一般真实存在。"尽管这表达爱的 21 种方法，不能涵盖幸福夫妻所有的爱意表达形式，但却是我和明心勇抛砖引玉，给追求幸福婚姻的朋友们，送上的一份爱的种子，希望能帮助更多人收获适合自己的表达爱的方法。

关于我和明心勇"表达爱的 21 种方法"的具体内容，需要的朋友，可以进入微信公众号"米乐圈"，回复关键词"爱 21"，获取完整文字版。

6 个能量团，让你的爱源源不断

有学员问："我也尝试和爱人一起制作了爱的密码本，还总结出了适合我们的表达爱的方法，可爱人说，我在表达爱时，不太真实，好像没有那种让人亲近的感觉，这是为什么呢？"

这是因为，"爱"是一种积极的情绪状态。虽说我们是解析了爱人的密语，也使用了一些表达爱的方法，但要真正把爱传递出去，还需要自身拥有积极正向爱的能量。接下来，我们就围绕"视、听、嗅、味、触和综合（包含直觉）"这 6 个维度，让自己拥有爱的能量团（如图 2.2 所示）。

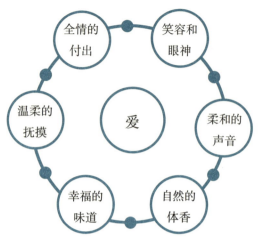

图2.2　6个爱的能量团

1. 看到的爱：笑容和眼神

第一个爱的能量团，是可以看到的爱，也就是我们的笑容和眼神。先来谈谈笑容。**笑容是人类的通用语言，人天生就会微笑，灿烂的笑容不仅能促进健康，还能预测人的婚姻幸福指数。**

在一项关于笑对心血管影响的研究中发现，那些不笑或几乎不笑的人，患心脏病的概率比每天都笑的人高21%，脑中风的患病率高60%。据研究人员估算，笑100次相当于划船机上运动10分钟，或是在健身自行车上运动了15分钟。笑可以降低血压、促进血液循环和提高血氧，可以锻炼我们的腹膈肌以及腹部、呼吸系统、面部、腿部和背部的肌肉。这也是为什么在长时间的捧腹大笑之后，常常会感到疲劳的原因——因为你刚刚进行了一次有氧健身运动。

另一项来自加州大学心理学博士克尔特纳的研究发现，笑容可以预测人的婚姻幸福指数。研究人员收集了 111 名 21 岁女生大学时代的照片，仔细分析她们微笑时嘴角上扬的弧度、脸颊因肌肉收缩而隆起的程度、眼角皱纹和眼袋等，将她们笑容中流露的积极正面情感分级，并在她们 27 岁、43 岁和 52 岁时，进行跟踪评估。结果发现当年在合影中笑得较富积极情感的人，大多婚姻成功、生活幸福。

再来说说眼神。心理学研究表明，恋人间的相互注视，比朋友多；而朋友间的相互注视，比一般熟人多（Kleinke，1986）。夫妻沟通时，双方更多的注视行为，不仅能表露对沟通内容的兴趣，还能传递出关爱之情（米勒，2015）[147]。

我和明心勇倡导，日常生活中，伴侣要学习基础的表情和目光指向管理。家，是温暖的港湾。回到家中，和爱人在一起时，多一些笑容和彼此关注的目光，不仅可以让家庭氛围更温馨，还能让自己的内心更平静。

看到这里，有的朋友可能会说，我也想和爱人多点笑容和眼神交流，可每天事情那么多，好不容易忙完了，回到家已经累得半死，面部僵硬，眼神呆滞，想笑都笑不出来，怎么办呢？这里分享一个我和明心勇多年前使用的"笑容和眼神管理"小训练。遇到这种情况，在快到家时，就要尝试调整自己的情绪状态和面部表情。我们会放弃搭乘电梯，改用走楼梯的方式回家。每上一级台阶，就想象自己卸下了一层工作中的压力。通常走过 15 到 20 级台阶，就基本可以恢复原有积极正向的情绪状态了。这时候，走到家门口，一开门，看到对方，就能立刻露出灿烂的笑容和关爱的眼神了。

2. 听到的爱：柔和的声音

第二个爱的能量团，是可以听到的爱，柔和的声音。听觉，是人类获取信息的第二大途径。声音是由物体振动产生的声波，是通过介质（空气或固体、液体）传播，并能被我们的听觉器官所感知的波动现象。声音作为一种波，频率在 20 Hz ～ 20 000 Hz 之间的声音是可以被人耳识别的。

很多人在日常生活中，不太关注自己的声音管理。这就像一位钢琴家，不给自己的钢琴做调音一样。他们忽略了优美的声音，能让人陶醉；而尖锐或嘶哑的嗓音，也会给人带来负面的情绪体验。

明心勇曾说过，他最初被我吸引的，除了两个人在交流时的情投意合外，还有很重要的一点，就是我轻柔舒缓的声音。他到现在都还记得，10 多年前，第一次接到我通知他考试的电话时，那个让他一听，就身心放松的声音。

我也在不少场合，分享过明心勇声音对我内心的冲击。刚认识时，他声音温和，是一个标准的暖男形象。但我第一次到他部队的那天傍晚，无意中遇到他在给数百名官兵讲话。静穆而空旷的训练场上，只有远处传来的知了声。路边微黄的灯光，照在他脸上，勾勒出坚毅、果敢。等他一开口，瞬间全场充满了他的声音，就像冲击波一样，砰的一声，迎面而来，直接穿透了我的内心。

这时我才发现，原来他在工作中的声音，是这么的铿锵有力，有着如此巨大的穿透能量。而在生活中，他却调整了声音状态，呈现给我的，更多是温和、迷人、如沐春风的嗓音。

刚才说的，是声音的正面影响。在我们日常生活中，声音产生负面影响的案例，也会常常遇到。从米乐 8 个月大时，我和明心勇就经常带他一起参加我们的游学活动。在一次活动中，主讲人刚一开口，明心勇就带着米乐悄悄离场了。

事后，明心勇告诉我，对方讲的内容很好；但嘶哑的声音、疲惫的神情，都与他追求幸福生活的演讲内容格格不入，让人有些坐立不安。

现代医学研究发现，人的听觉器官中存在耳蜗毛细胞。对于普通人来说，0～20 分贝的声音，会让人感到安静，几乎听不到；到了 60～70 分贝，就会让人觉得吵闹，有损神经。柔和的声音，就像春风拂面，可以抚慰心灵；噪声下的我们，更容易产生疲劳而不是放松。

所以，如果你确定自己是想表达爱，而不是厌恶或憎恨，那么建议你要好好调整自己的声音。亲密关系研究中发现，无论是男性，还是女性，在给俊美而非平庸的异性留下声音短信时，都会使用更低频的声音，而且这样做他们感觉更愉悦（Hughes et al.，2010）；嗓音有魅力的人往往也有着吸引人的面孔和身材（Saxton et al.，2009）。柔和的声音，在伴侣沟通时不仅更耐听，还更有影响对方的力量。**用更多温和柔美的声音，去表达自己心中的爱，你也会在日常生活中，收到更多爱的回声。**

3. 闻到的爱：自然的体香

第三个爱的能量团，是自然的体香。人们习惯用视觉和听觉来接收信息，常常会忽略嗅觉的作用。事实上，美好的嗅觉体验，不仅可以让人产生愉悦感，更能给人们留下深刻的记忆。

在闻到的爱中，我们最容易忽略的是自己身体所拥有的天然体香。每个人都能分泌一种激素（Hormone，常被音译为荷尔蒙），形成自己独特的生理气味，通常我们把它叫作体香，专业称为信息素。

很多研究结果都已经验证了激素对异性的吸引力。比如，在伦敦大学的一项实验中，让一些女生接受激素刺激，结果发现，这些女生和男生持续交往的比例大大提高；而将男生穿过的T恤与未穿过的并列放在盒子里，比较后发现，女生更喜欢穿过的。

在德国酒吧里的实验也有同样发现。双胞胎姐妹穿着相同的衣服，姐姐使用激素，妹妹没有使用，在相貌因素基本排除后，用过激素的姐姐更能吸引异性。数据显示，激素使性吸引力增加了80%。

研究还发现，在同性集中、又缺乏异性气味的环境里，即使各方面条件都非常优越，不管男员工还是女员工，都会容易感觉劳累，工作效率也不高。这种情况下，如果安排几名年轻漂亮的异性，情况就会大大好转，无论是员工的工作热情、积极性，还是工作效率，都会有显著提高。

在闻到的爱上，我和明心勇鼓励大家保持身体清新和自然的体香。

一是要保持身体表面的清洁和卫生。科学研究发现，人体接收激素的器官是犁鼻器，它是在鼻腔前面的一对盲囊，开口于口腔顶壁的一种化学感受器。它的特点就是只接受性气味，而不接受我们日常熟悉的花香味或其他味道。所以，保持身体的清新和自然，有助于我们激素的传递和接收。

二是要注意日常的饮食结构。比利时的一位专家，对某些人种的饮食习惯与人体气味进行研究后发现，体香和饮食习惯有着不解之缘。在我国，早在唐宋时期，从宫廷妃子到民间百姓，都非常盛行食杏仁、饮杏露、宫室熏香和品饮香茶。历代皇妃贵妇都刻意追求幽幽的体香，贵妃杨玉环不仅常沐香汤浴，还酷爱吃香榧子和荔枝。日常饮食中，轻油少盐，多饮食淡香的茶果，少食重口味的刺激食物，也可以保持身体自然清爽的体香。

三是要使用清新、自然的护肤产品。虽然，人体接收荷尔蒙的器官是犁鼻器，但气息较重的护肤产品，依然会影响我们的嗅觉器官。研究发现，大脑外面有一层血脑屏障，用来保护大脑和限制物质的进入，但有些气体分子可以从血液直接进入大脑，影响人的情绪和记忆。所以，少用气味较重的护肤产品，或者多使用爱人喜爱气味的护肤产品，都可以帮助传递体香，让彼此的爱意直达内心深处，成为两人爱意的催化剂。

4. 尝到的爱：幸福的味道

第四个爱的能量团，是幸福的味道。味觉是人体重要的生理感觉之一，在很大程度上决定着我们对饮食的选择，让我们能够根据自身需要，及时补充有利于生存的营养物质。同时，它对于唤起我们深层的情绪和记忆，也会起到重要作用。

普鲁斯特说过："久远的往事了无痕迹，唯独气味和滋味长存经久不散。"科学家将气味和滋味引发记忆的现象，称为普鲁斯特效应。在很多讲述国内外美食评比的影视节目中，我们经常会看到，最高超的厨艺，不只是把珍贵的食材做得色、香、味俱佳，还能够触动评委的记忆，一道很普通的家常菜，也能让对方找回童年的幸福美好时光。

在尝到的爱上，我和明心勇鼓励夫妻俩要多了解对方喜欢的味道，找到彼此幸福的触发点。比如，我从小喜欢水果的味道。记得小时候，总在姥姥家玩。一到暑假，就喜欢猫在葡萄架下，边吃葡萄边看书，看到开心处，还呵呵呵地笑出声来。长大后，每次吃葡萄，都会想起那份快乐的记忆。再比如，明心勇从小就喜欢喝茶。他说，一杯茶、一本书，就是一段难忘的童年时光。所以，清晨起床后，给自己泡杯茶，呷上一口，幸福感就会油然而生。

了解到自己和爱人幸福的味道之后，我们就可以借助这些触发点，在婚姻中，制造两个人新的幸福记忆点。比如，我和明心勇的做法，就是将两人幸福味道的场景做了融合。几乎每天清晨，明心勇都会采购新鲜的水果，洗净装盘。然后，在早茶或下午茶时间里，我们会做一个五彩缤纷的水果拼盘，煮上一壶热水，泡上两杯好茶，一起窝在沙发里，或者坐在书架边的垫子上，谈谈工作，聊聊生活，看看书，发发呆。就这样，两个人，一份水果拼盘，两杯茶，就成为我们每天的幸福时光。

所以，很多时候，幸福其实很简单。与其努力向外找，不如和爱人一起坐下来聊一聊彼此熟悉的幸福味道。借助这些味道，我们不仅能重拾童年的快乐时光，还能为以后的生活制造更多美好的回忆。

5. 触摸的爱：温柔的抚摸

第五个爱的能量团，是温柔的抚摸。触觉，是人类的第五感官，也是最复杂的感官。身体不同部分的皮肤对于压力敏感性的变化非常大。比如，指尖对刺激位置感觉的精确度是后背皮肤的10倍；最经常使用和需要的部位，如手、面部和舌的感受性最高（格里格 等，2003）。

触摸在夫妻关系中扮演着重要角色。通过触摸，不仅能促进伴侣相互交流、安慰和支持，还对彼此的健康有好处。亲密关系研究中发现，当两个人关系变得更加亲密时，身体的接触也往往会增多（Emmers et al., 1995）。经常与伴侣接吻能降低你的胆固醇（Floyd et al., 2009），一周进行3次30分钟的头部和颈部按摩，可以降低血压和应激激素的分泌（Holt-Lunstad et al., 2008）。

在触摸的爱上，我和明心勇鼓励每一对夫妻，要经常对彼此身体，进行温柔的抚摸。首先，你可以通过双方的身体接触，了解不同部位被触摸时，自己的心理感受。比如，牵手时有安全感，拥抱时有温暖和被呵护的感觉；同样，抚摸背部、耳朵和头部等部位时，会给自己带来什么样的感受。

接下来，你可以将这些细微的感受，告诉你的爱人；并鼓励对方，经常性地接触或抚摸你以及你喜欢被触碰或抚摸的位置。当对方接触方式不对，或是抚摸手法不熟练时，你还可以慢慢引导，或是示范给他/她看。

然后，你就可以和爱人一起创造更多肢体接触和彼此抚摸的机会。比如，我和明心勇早上送米乐上幼儿园，或者晚上出去散步时，都会牵着手一起走；一个人外出办事，回到家后，也会先抱抱另一个人。我们还经常见缝插针地相互做身体按摩，比如陪米乐去小区游乐场，等他和小朋友玩耍时，我俩就一起敲敲胆经，给对方按按背部、头部和颈部，这些都会让两个人身心放松，在增进感情的同时，还有益健康。

最后，当你和爱人把温柔的抚摸融入日常生活后，你会发现，它的价值远不止刚才提到的那些。比如，可以帮对方做美容护肤、洗头或洗澡，增加伴侣间的情和爱；也可以抚摸背部，做睡前助眠。中医研究结果表明，经常性抚摸耳部，还可以起到强肾健身，治愈头痛、头昏、神经衰弱、失眠和耳鸣等作用。

温柔的抚摸，不仅能帮助被抚摸的人身心放松，也会让抚摸的人感觉很好。所以，经常性地触摸你的爱人，并且鼓励爱人抚摸你，不仅能促进彼此身体健康，还能传递爱意，愉悦心情。

6. 觉知的爱：全情的付出

第六个爱的能量团，是全情的付出，也称为无条件的爱。它不但是五感的综合应用，还包括了直觉的力量。直觉，是指

第02章
能力一：表达爱意，让婚姻中的爱更加长久甜蜜

未经分析推理的直观感受。有的科学家认为，直觉是人类的本能知觉之一，是人们接收信息的第六感觉。也有的认为，直觉是沉淀在无意识中的知识和记忆碎片，被五感接收到的环境信息触发后，结合当下的情绪状态，快速产生想法或决策的评价过程。

很多人在亲密关系中，都感受过直觉的力量。比如，一段关系刚开始时，你可能不知道为什么，就突然爱上了那个人。在这方面，心理学教授戴维·迈尔斯就说过，在选择伴侣的时候，依赖直觉要远远好过逻辑分析，它会开启你储存在无意识中的情感模式，帮助你找到那个"对的人"（Myers，2004）。

还有就是，相处时间较长的伴侣，往往会对另一半保持更准确的直觉。由于互相了解的程度很深，"第六感"会变得格外灵敏，你可能根据一个微小的表情，都能够推测出对方的状态（Flora，2007）。在这两个情景中，直觉都起到了透过表象觉察内在的作用。

此外，心理学家伊莎贝尔·迈尔斯，在荣格心理类型理论的研究基础上还提出，"intuitive"（直觉）功能强的人是"好自我反省的"（凯尔西，2011）[15]。

在觉知的爱上，我和明心勇鼓励借助直觉"觉察"和"反省"的作用，去发展无条件的爱，将原来无意识的行为，转变为有意识的表达。

一是觉察自己在表达爱时，是有条件的还是无条件的。

马格丽特·克拉克（Margaret Clark）和贾德森·米尔斯（Judson Mills）认为亲密关系分为两种（Clark et al.，1993）。一

种是交换关系，人们为他人付出期望得到同等的回报，也就是有条件的爱。另一种是共有关系，伴侣特别关注对方的幸福，彼此不期望任何回报地支持和关照对方（Beck et al.，2010），结果是他们享受到更高质量的亲密关系（Clark et al.，1998），也就是无条件的爱。

正如明心勇所说："无条件的爱，就像水满自溢，当爱的能量自我充盈时，我们会无条件地给予他人，目标不是力求回报，而是希望另一半也能收获更多的快乐和幸福。"的确，人们喜欢这种关系的婚姻，伴侣彼此对对方表现的关注和慷慨越多，就越幸福（Clark et al.，2010）。

二是反思自己在表达爱时，如何做会更好。

美满幸福的伴侣，很少会去思考对方为自己做了什么，因为对方已经做了很多，或者是自己很幸福根本不介意。如果你已经开始在意关系结果的些微不公，那么，这段关系的亲密度，就要引起你的重视了。建议你参考本章前面的内容，反思自己原有的认知和行为，进一步提升表达爱意的能力。

给爱更多时间，给你的婚姻更多空间

有学员问："老师，要是我制作了爱的密码本，梳理了表达爱的方法，也知道了如何增强爱的能量团，但没有时间用，怎么办？"

第02章
能力一：表达爱意，让婚姻中的爱更加长久甜蜜

于是，我问他："那你每天的时间，都是怎么安排的呢？"

这位学员说："工作日，一般是上午8点半开始工作，晚上6点下班，还要约见客户……到了周末或节假日，我还要参加各种学习，结交各类商业伙伴，挖掘和培养潜在客户……我的收入比较可观，但我没有时间和爱人待在一起。"

听完这位学员的叙述，我想起了明心勇对我说过的一句话。他说："老婆，你看那浮在蓝天上的白云，多美啊，可是忙碌的人们却无暇欣赏。"

我们都知道，时间是最公平的。你的注意力在哪里，你的时间就会用在哪里；你的时间用在哪里，你的收获就在哪里。还记得本章刚开始时袁岳的案例吗？他把更多的时间和精力，花在了远离婚姻和爱的地方，在得知爱人提出离婚后，他心有不甘，却又无比懊悔地说："早知今日，何必当初。"

英国哲学家大卫·休谟说："人类刻苦勤勉的终点就是获得幸福，因此才有了艺术创作、科学发明、法律制定，以及社会变革。"对于"幸福"深有研究的沙哈尔博士也认为，财富、声望、地位与其他目标，都不能和幸福相比，无论是物质上还是名望上的追求，其最终都是追求幸福的手段。

现在，请静下来，倾听你内心的声音，问问它，对你来讲，什么才是真正重要的？仔细聆听，认真思考，慎重选择；而后，为自己的选择承担，持续践行。千万不要像乔治·艾略特说的那样："金子般的美妙时光曾在生命中荡漾，我们却视而不见，任凭沙石掩埋；天使曾降临我们身边，我们却浑然不觉，唯有她离去时才恍然醒悟。"

在我和明心勇看来，想要在现有的婚姻生活中，感受到更多幸福，就要给工作做减法，给爱做加法。事实也证明，有时候，少做一些事情，反而可能带来更多、更有效的成果。

好了，说了这么多，我想请问，此时此刻的你，希望自己的婚姻更加幸福吗？如果你希望，那么请从今天开始，给爱更多时间，给你的婚姻更多空间。如果你还不知道怎么做，那么可以从本章所介绍的这些方式中，选择任何一种开始行动。请记住，**在婚姻生活中，幸福也是一种习惯**。我们养成习惯，然后习惯就造就我们。

重点回顾

想要提升表达爱意的能力，我们需要拥有六个爱的能量团，分别是"看到的爱——笑容和眼神""听到的爱——柔和的声音""闻到的爱——自然的体香""尝到的爱——幸福的味道""触摸的爱——温柔的抚摸"和"觉知的爱——全情的付出"。

感悟与思考

研究表明，"纯天然"的爱情，会在 1～3 年后逐步走向衰退，你希望和爱人一起，提升表达爱的能力，让爱情在婚姻中持续存在，并绽放新的光彩吗？如果是，请思考并回答以下问题。

一、初步破译自己"爱的密码本"。你知道自己最喜欢看什么，最喜欢听什么，最喜欢闻什么，最喜欢吃什么，最喜欢做什么吗？

二、初步破译爱人"爱的密码本"。你知道爱人最喜欢看什么，最喜欢听什么，最喜欢闻什么，最喜欢吃什么，最喜欢做什么吗？

三、深度解析自己"爱的密码本"。当你看到爱人什么样时，你就接收到了他/她给你的爱？当你听到爱人说什么或怎么说时，你就接收到了他/她给你的爱？当你闻到爱人什么气息时，你就接收到了他/她给你的爱？当你尝到爱人做的什么时，你就接收到了他/她给你的爱？当爱人抚摸你什么部位时，你就接收到了他/她给你的爱？当爱人和你一起做什么事时，你就接收到了他/她给你的爱？

四、深度解析爱人"爱的密码本"。当爱人看到你什么样时，他/她就接收到了你带给他/她的爱？当爱人听到你说什么或怎么说时，他/她就接收到了你带给他/她的爱？当爱人闻到你什么气息时，他/她就接收到了你带给他/她的爱？当爱人尝到你做的什么时，他/她就接收到了你带给他/她的爱？当你抚摸爱人什么部位时，他/她就接收到了你带给他/她的爱？当你和爱人一起做什么事时，他/她就接收到了你带给他/她的爱？

五、围绕以上4个问题，反思以往婚姻生活：你和爱人哪些方面做得比较好，哪些方面还有改善的空间？从今天开始，你将围绕哪几项内容开始养成爱的习惯？

第03章

能力二：接纳差异，让夫妻成为彼此的助力

任何一对夫妻，哪怕彼此之间相似性再高，在"能量倾向""接收信息""处理信息"和"行为方式"上，也存在比较大的差异。

你了解自己和爱人的性格差异吗？你发现两个人的行为习惯有什么不同吗？你被这些差异和不同困扰过吗？你们因为这些差异产生过分歧和冲突吗？差异是客观存在的，我们怎么做，才能改变这些差异对我们的影响，从两个人相互消耗变成夫妻彼此助力呢？

心理学家荣格说过："人的心理和行为是有规律的，一旦掌握了这个规律，即使还没有发生的人和事，也是可以预测的。"

当一对夫妻了解了彼此的心理类型和行为特点，并掌握相应的互动方法后，他们的和谐度就会加倍提升，而分歧和冲突将会大幅降低。

泉城济南，是明心勇曾经上军校的地方。从入住的酒店出发，穿过公园，看过清凉的泉水和悠闲的鱼群，我和明心勇走进今天要服务的机构。这是我们服务的第406家营业机构，即将开始第9879名企业员工的访谈辅导。

陈刚，男，结婚7年，是这家营业机构的部门主管。辅导完工作方面的问题后，他主动提出，想要了解自己和爱人的性格差异。

"老师，您看，我的测评结果是ISTJ检查员型，我爱人的测评结果是ENFP公关型。"陈刚一边说，一边递给了我两份打印

第 03 章
能力二：接纳差异，让夫妻成为彼此的助力

好的测评报告。

"结婚前，我们彼此欣赏，都觉得对方好有魅力；可是结婚之后，我们经常吵架，冲突不断，也不知道是怎么回事。"

"一般有哪些冲突会经常发生呢？"我拿过测评报告，一边翻看，一边询问。

"这样的冲突多了。比方说，我俩在一起，她话多，我话少。很多时候，她说的内容，我也不一定都感兴趣。如果我不回应，她说我不关心她；可回应得不合适，她又说我态度不好。搞得我说也不是，不说也不是。"

"再比如，她平常喜欢学习，经常看看书、听听课。这是好事，我也支持，可她却反过来，总说我成长太慢。关键是，我也没觉得她成长得有多厉害，其实好多事上，她的想法和做法都不太靠谱。这也是我们发生冲突比较多的地方。"陈刚说。

"还有就是，她工作中遇到难题，心情不好的时候，喜欢跟我说。我一听她遇到困难了，就会主动帮她分析背后是什么原因，怎么才能更好地解决。可她不但不领情，还把情绪都发泄在我身上。"陈刚接着说。

"对了，上周末，我们还因为吃饭的事吵了一架。本来约

定好的时间，可是出门前，她那个磨叨。我等了她1个多小时，还没出门。我一生气，就告诉她'不去了'。好容易有个清闲点的周末，结果是两个人窝在家里生闷气，您说气不气人？关键是，这种情况经常出现，太影响心情了。"陈刚摇着头，生气又无奈地说。

我非常理解陈刚的心理感受，也为他能拿着自己和爱人的测评报告来咨询辅导而感到高兴。因为，从心理类型上来讲，ISTJ检查员型和ENFP公关型，原本是一对非常互补的夫妻组合；但是，如果他们不了解彼此的性格差异，那生活中，就会经常发生矛盾和冲突，影响他们的婚姻幸福度。

亲密关系研究中发现，性格差异造成的矛盾和分歧[1]，能解释已婚夫妻1/3以上的打斗和争吵（Erbert，2000）。更重要的是，在某种程度上这些差异形成的紧张，通常会在伴侣间一生的亲密关系中持续存在（Baxter，2004）。

所以，想要收获一份幸福婚姻，我们要面对的第二个问题，就是夫妻间的性格差异。而要学习提升的第二种能力，就是接

---

[1] 在亲密关系研究中，夫妻性格差异造成的矛盾，也被称为4个辩证法式的矛盾，即开放对封闭、自主性对联系性、聚合对分离和稳定对变化（米勒，2015）[348]。

第03章
能力二：接纳差异，让夫妻成为彼此的助力

纳差异，接纳两个人的心理差异，让夫妻成为彼此的助力。这也是本章接下来要探讨的核心内容，可能会有些烧脑，你准备好了吗？

同样的性格，为什么婚前产生吸引，婚后导致矛盾

为什么一对夫妻，同样的性格特点，放到婚前会彼此吸引，到了婚后却会产生很多的矛盾和冲突呢？

在婚姻关系研究中发现，开始谈恋爱时，伴侣间共同的兴趣、态度和价值观就会产生影响力（Luo，2009），但是对于会造成矛盾和分歧的性格差异，却需要相处一段时间之后才能够觉察到。

像陈刚谈到的，"结婚前，我们彼此欣赏，都觉得对方好有魅力；可是结婚之后，我们经常吵架，冲突不断"，就是这个原因。

心理学家大卫·凯尔西在《请理解我》一书中，对于性格差异造成的婚姻影响，也做过这样的描述："吸引力是一件事，而共同生活则是另一件事。几乎所有的恋情在刚开始的时候总会经历一段和谐的时期，即我们常说的'蜜月期'。不过，蜜月过后，双方的性格特征逐渐显露无遗，而与共同生活中相伴而生的妥协和谅解，也渐渐成为人们每天必须面对的实际问题。"

所以，结婚前，一对恋人会被彼此的兴趣、态度和一致性所吸引，性格上的不同点，也成了对方的闪光点，是有益的补充；而结婚后，这对夫妻需要在一起共同生活，性格上的差异，体现在很多生活细节中，就成了冲突的来源。

第 03 章
能力二：接纳差异，让夫妻成为彼此的助力

期待改造对方的皮格马利翁计划

为什么一对夫妻性格不同，就会在婚姻中产生分歧和冲突呢？这里给大家分享一个心理学现象，叫皮格马利翁效应。

皮格马利翁（Pygmalion）是古希腊神话中一个主人公的名字，相传他是塞浦路斯国王，擅长雕刻，是一位有名的雕塑家。他用象牙精心地雕塑了一位美丽可爱的少女，取名叫盖拉蒂。他给盖拉蒂穿上美丽的长袍，并且经常拥抱它、亲吻它，他真诚地期望自己的爱能被这位"少女"所接受，但它依然是一尊雕像。

皮格马利翁感到很绝望，他不愿意再受这种单相思的煎熬。于是，他就带着丰盛的祭品来到阿佛洛狄忒的神殿向女神求助，他祈求女神能赐给他一位如盖拉蒂一样优雅、美丽的妻子。他的真诚期望感动了阿佛洛狄忒女神，女神决定帮助他。

皮格马利翁回到家后，径直走到雕像旁，凝视着它。这时，雕像发生了变化，它的脸颊慢慢地呈现出血色，它的眼睛开始释放光芒，它的嘴唇缓缓张开，露出了甜美的微笑。

少女盖拉蒂向皮格马利翁走来，她用充满爱意的眼光看着他，浑身散发出温柔的气息。不久，盖拉蒂开始说话了。皮格马利翁惊呆了，一句话也说不出来。

　　皮格马利翁的雕塑成了他的妻子，皮格马利翁称他的妻子为伽拉忒亚。人们从皮格马利翁的故事中总结出了"皮格马利翁效应"，也就是期望和赞美之下，任何奇迹都可能发生（车文博，2001）。

　　皮格马利翁效应的原意是期望和赞美让梦想成真，婚姻中恰当的鼓励和赞美，也确实可以帮助对方增加信心，去成为更好的自己，但遗憾的是，大多数已婚夫妻表现出的行为，却是想要把对方改造成一个自己所期望的人。

　　心理学研究发现，甜蜜期过后，曾经因为对方的性格差异而被吸引的夫妻，往往会将注意力转向那些他们认为真实而重要的婚姻事务，意图将对方转化为一个和自己更加相似的人。

　　神话故事中的皮格马利翁最终成功地雕出了那具完美的女性雕塑，但在现实生活中，依照我们自己的喜好和标准去改变他人，要求对方改变自己的本性，这样的改造工程从一开始就注定会失败。

　　大卫·凯尔西把这种试图重塑配偶的意图称为皮格马利翁计划，而皮格马利翁计划不仅是导致婚姻破裂的最主要原因，同时也是使那些最美满的婚姻陷入纷争的最常见的原因之一（凯尔西，2011）[273]。

第 03 章
能力二：接纳差异，让夫妻成为彼此的助力

4个维度8个偏好，原来夫妻俩有这么多不同

如何才能避免婚姻中的皮格马利翁计划，减少它所带来的负面影响呢？这就需要真正了解夫妻俩的性格差异，看看两个人到底有什么不同，各自又有哪些特点。在幸福婚姻研习班中，我和明心勇分享了可以解读夫妻性格差异的心理类型（Psychological Types）维度表（如图 3.1 所示）。

	第二个维度		第一个维度	
	接收信息		能量倾向	
	感觉	直觉	外倾	内倾
	Sensing（S）	iNtuition（N）	Extraversion（E）	Introversion（I）
	Thinking（T）	Feeling（F）	Judging（J）	Perceiving（P）
	思考	情感	判断	知觉
	处理信息		行为方式	
	第三个维度		第四个维度	

图3.1 心理类型中4个维度8个偏好

在图 3.1 中，我们可以看到，任何一对夫妻，无论婚前、婚后呈现出的性格是如何不同或多么相似，在心理类型的 4 个维度 8 个偏好中，两个人都存在着先天的差异。而这些差异所带来的影响，就是像大卫·凯尔西所说的，"如果你接受和欣赏这些差异，你一定会获益良多；如果你忽视或批判它们，那么你

失去的必定会比得到的多得多"。

下面，我们就具体了解下这4个维度8个偏好所产生的性格差异。

1. 能量倾向

第一个维度是能量倾向。是指个体心理能量的获得途径，以及与外界相互作用的程度，也就是说，个体的注意力，更多指向的是外部的客观环境，还是内部的概念建构和思想观念。

根据人们能量倾向的差异，心理类型可分为内倾型（Introversion）和外倾型（Extraversion）两种偏好，也就是人们常说的内向和外向。

内向的人，习惯先听别人怎么说，沉淀、思考后，再表达自己的看法，思维半径较长，反应速度相对慢，但思考后表达出的内容质量高；外向的人相反，喜欢边说边思考，或者是先说后思考，说话本身就是在整理思路，通常是说着说着，思路就越来越清晰，状态也会越来越好。

当内向的人缺少思考的时间，或是外向的人缺少交流的空间时，都会产生情绪压力，影响精神状态。所以，夫妻俩在一起，偏外向的一方要给偏内向的伴侣独处和思考的时间，偏内向的一方要给偏外向的伴侣可以社交和多说话的空间。

比如说，外向的人通过"说"整理思路，说本身就会让外向的人产生愉悦感。如果外向型伴侣说了很多，而内向型伴侣一言不发，漠不关心或心不在焉，就会打断外向型伴侣说的意愿，引发外向型伴侣产生负面情绪。

所以，在夫妻俩互动交流时，内向型伴侣可以更多地扮演一个倾听者的角色，认真的倾听、关注的眼神、适度的回应和复述对方所说的一句话或是最后几个字，这些方式都可以让外向型伴侣的状态更好，让话题持续进行。

同样，和内向型伴侣沟通时，外向型伴侣也需要注意，给对方一个思考和沉淀的时间。在表达完自己的想法，想听对方意见时，可以说，"我刚才说的这个问题，需要你给我一个具体的反馈，但是不着急，等你想好了之后，再告诉我。"

前面我们说过，由于内向的人思维半径长，较短的思考时间，会给内向的人造成情绪压力，所以，给内向型伴侣一些思考和独处的时间，会让他们的精神状态更好。当然，咄咄逼人的沟通方式，无论对于内向型还是外向型伴侣，最终都可能会导致毁灭性的交战状态。

2. 接收信息方式

第二个维度是接收信息方式。是指个体在收集信息时的注意力指向，也就是说，是倾向于通过各种感官去注意现实的、直接的、实际的、可观察的事件，还是对事件将来的各种可能性、事件背后隐含的意义、符号、理论感兴趣。

根据人们接收信息方式的差异，心理类型可分为感觉型（Sensing）和直觉型（Intuition）两种偏好。感觉型的人，主要靠五官获取信息，关注当下、有形和具体的事物，喜欢使用已知的技能和按规则办事；直觉型的人，相信第六感，关注未来、无形和趋势性的事物，喜欢自己研究和探索事物背后的规律。

如果一对夫妻，一个是感觉型，另一个是直觉型，那这样两个人在一起，通常情况下，直觉型会认为感觉型伴侣太现实，有些保守，思维层次不高；而感觉型会认为直觉型伴侣太理想，有些激进，说大话不靠谱。

同时，感觉型伴侣，擅长将已知的事情反复做，并做到最好；而直觉型伴侣，擅长探索未知领域，喜欢求新求变，寻找现象背后的规律。

所以，当夫妻俩彼此不理解对方在接收信息中的差异时，最容易产生的矛盾，就是两个人没有共同的兴趣爱好和关注点。这也是很多感觉型和直觉型在一起生活多年，却依然会感到彼此既熟悉又陌生的一个很大原因。

就像本章刚开始陈刚说过的那样："她平常喜欢学习，经常看看书、听听课。这是好事，我也支持，可她却反过来，总说我成长太慢。关键是，我也没觉得她成长得有多厉害，其实好多事上，她的想法和做法都不太靠谱。这也是我们发生冲突比较多的地方。"

那么如何才能解决这个矛盾呢？想要解决这个矛盾，最直接有效的方式有两种。

一是增加彼此的互补性。具体来讲就是，感觉型要接纳直觉型伴侣站得高、看得远，却难落地的特点；而直觉型也要理解感觉型伴侣，做事踏实稳健，却缺少目标和方向的特点。

遇到重要事情需要处理时，就可以先请直觉型说说自己对这件事的整体看法，对可能性结果的发展预测，明确目标，把握大方向，不跑偏；然后，再请感觉型来谈谈具体的处理细节，过程中要注意的地方。这样，在两个人的配合下，目标清晰，措施得当，细节到位，不但事情的处理效率提高了，结果也会好很多。

心理类型在婚姻应用中的研究发现，配偶在做事方式上的互补性，能够提升双方内心的满足感。这不仅能够在配偶之间营造一种完整或互补的感觉，而且未知的神秘感和挑战性还能够提高夫妻双方的魅力值（凯尔西，2011）[272]。

二是调整相互表达时的内容顺序。也就是说，**感觉型和直觉型伴侣沟通时，要注意先描述表达内容的整体框架和结构，再去说具体事；而直觉型和感觉型伴侣沟通时，要多尝试先从具体事说起，再说自己最终想要表达的框架和结构。**

比如说，我和明心勇在一起，两个人虽然都偏直觉型，但相对来讲，明心勇比我直觉功能更强，我比他感觉功能更强。

所以，在他想要和我讨论一件事情时，他会尝试先就这件事本身，提出一个具体意见，在两个人需要进一步探讨时，再来描述他对事情的整体看法和可能预测；反之，我要有什么事，想寻求他的关注和支持时，我会参考他直觉功能强的特点，先描述这件事的整体框架、看到的可能性和想要达到的目标，再给他说里面的具体过程和细节。这样，两个人彼此的接受和配合程度，就会高很多。

就像我经常给研习班学员们提醒的那样："同样的一句话，有没有参考伴侣接收信息的偏好，匹配适合对方的表达顺序，收到的效果会大不相同。"这也是让很多已婚夫妻感觉沟通困难的一个重要原因。

在亲密关系研究中发现，积极主动努力理解自己的伴侣，这种关心和体贴往往能得到伴侣极大的赏识（米勒，2015）[174]。比起那些仅仅想当然地认为自己理解伴侣话语的人，能经常运用这类沟通技巧的伴侣一般有着更为幸福的婚姻（Markman et al., 1994）。

3. 处理信息方式

第三个维度是处理信息方式。指个体在做决定时采用什么系统，也就是说，做决定和下结论的方法，是客观的逻辑推理还是主观的情感和价值。

根据人们处理信息方式的差异，心理类型可分为情感型（Feeling）和思维型（Thinking）。情感型的人，关注人，关注情绪、价值与人际和谐，更喜欢用合作或协作的方式做事情；而思维型的人，关注事，关注对错、效率，喜欢讲道理，更擅长独立做事。虽然，每个人都有思维和情感的两面，但遇到问题时，是本能地先关注人的感受，还是先关注事的对错，决定了这个人是偏思维型，还是偏情感型。

思维型和情感型在一起，最容易引发矛盾和冲突的地方就是，思维型的人，喜欢一个人做事；而情感型的人，喜欢两个人一起做事。同时，情感型的人在给思维型伴侣表达自己的情绪和情感状态时，思维型的人容易给情感型伴侣讲道理。

现在再来看前面案例中陈刚和爱人发生冲突的场景："在她工作中遇到难题，心情不好的时候，喜欢跟我说。我一听她遇到困难了，就会主动帮她分析背后是什么原因，怎么才能更好地解决。可她不但不领情，还把情绪都发在我身上。"我们就很容易理解了，这个时候，情感型老婆首先需要的是情绪和情感上的关注，而不是思维型老公就事论事的分析和观点。

明心勇说过："这几乎是伴侣间最容易引发冲突和争执的爆发点。"生活中有很多夫妻认为两个人不能相互理解和彼此包容，但仔细观察后，你会发现，这背后的原因，不是伴侣不想关心对方，只是因为，两个人在处理信息的方式上偏好不同。

那么，如何解决思维型和情感型之间的矛盾和冲突呢？我和明心勇推荐大家的解决方式就是，**情感型的人要学会直接给思维型伴侣表达自己的心理需求**，避免让对方因为猜不出你的想法，只能用自己习惯的方式去关心和应对，却产生更多的误解和矛盾。而**思维型的人要多关注情感型伴侣的情绪状态，多抽出时间和情感型伴侣在一起，多使用赞赏、认可、肯定的言语**，来表达对情感型伴侣的关心和关爱。

比如对于陈刚来说，当爱人心情不好时，不用摆事实讲道理，只需要上前抱一抱，或者拉着手告诉她："心里不太舒服，是吗？别担心，有我陪着你呢。"等对方情绪平稳后，看对方的需要，再来一起探讨解决问题的路径和方法。

我和明心勇经常说："夫妻俩有分歧、起冲突时，要先解决情绪再解决事。"尤其是像陈刚这样，面对情感型伴侣，需要给予更多的关注和关爱时，就更要注意这个交流原则，这样才能让两个人既能够情绪和情感共鸣，又能够思想和认知同频。

反过来，对于陈刚爱人这样的情感型来讲，面对思维型伴侣，再遇到心情不好时，不要只顾着说发生了什么，还要清晰地表达出来,这个时候需要老公给予自己什么样的支持。比如说,"老公,我就是想给你说说,发发牢骚,不需要解决什么问题";或者是,"老公,你能帮我做件……事吗?这样我的心情就会好很多"。这样,对方才知道怎样才能更好地支持到你。

4. 行为方式

第四个维度是行为方式。指个体的生活方式,是倾向于以一种相对固定的方式生活或做决定,还是以一种更自然的方式生活或收集信息。

根据人们行为方式的差异,心理类型可分为判断型(Judging)与知觉型(Perceiving)。判断型,关注计划,计划制订后,喜欢按部就班地去实施;知觉型,关注变化,经常会表现得做事随意性强,喜欢随遇而安。

判断型和知觉型在一起,最容易引发的矛盾和冲突,就是两个人约定好的事情,判断型伴侣会严格按照约定去执行,而知觉型伴侣会经常出现些小变化,让判断型伴侣猝不及防。

比如,像前面案例中陈刚描述的场景,就很常见。两人约好了周末一起吃饭,判断型等了半天,知觉型也没收拾好,总也出不了门;又或者好容易出了门,走着走着,知觉型被别的东西吸引了,一不留意就停下了或拐了弯。这边判断型等不及了,就会说:"你能不能快点?你到底还想不想去?"而那边知觉型呢,会觉得:"过周末嘛,就是要轻松舒服的呀,我逛逛街怎么啦,那饭早点吃、晚点吃有什么关系吗?"结果很可能就是,好好的周末泡了汤,两个人一脸郁闷地回了家。

说完了出门，再来说说回家。外出回到家后，判断型伴侣是习惯性地把物品归位，摆放得整整齐齐。而知觉型伴侣会认为，"哇，好容易到家了，可以放松一下了"。衣服、鞋子、袜子，随手一扔，先让自己舒服了再说。判断型看到了，就很不喜欢，认为是乱扔乱放，没规矩，可知觉型不这么想，于是争执就产生了。

类似的场景还有很多，做饭也是。判断型伴侣，喜欢边做饭边收拾，饭做好了，厨房也收拾干净了；而知觉型伴侣做完饭，厨房里是一片混乱。判断型看不下去，就会说，"你看你做个饭，这叫一个乱！早知道折腾成这样，还不如我自己做呢"。知觉型也不高兴了，辛辛苦苦做好饭，没落个好，还被埋怨，"我就喜欢做完了一起收，你能把我怎么样"。这样的纷争，你身边发生过吗？

明心勇常说："判断型和知觉型夫妻在一起，大矛盾没有，小纷争不断。"很多时候，你以为他是在故意和你作对，其实只是因为两个人的行为偏好不同。如果我们不了解这些心理差异，类似的纷争就会持续发生，不但影响婚姻生活的品质，还会影响夫妻感情。

那么，如何解决判断型和知觉型伴侣之间的矛盾和问题呢？这里给大家分享一个最直接有效的方法，就是**判断型要给知觉型一个弹性的时间和空间；而知觉型要允许判断型做事时，围绕计划，按部就班**。

我和明心勇，虽然两个人都偏知觉型，但相对来讲，明心勇比我知觉功能更强，我比明心勇判断功能更强。

刚开始，我们也会因此出现很多细小问题上的争执，后来，我们应用心理类型来优化两个人的相处模式，现在这点差异不仅不再是问题，还成了我们更好生活的助力。

比如，家里物品的摆放。我和明心勇的处理方式是，先由我做出标准，打个小样，然后明心勇就会尽可能按照标准来认真执行。

明心勇会说："谢谢老婆给我打个样，这样我就能更有条理地把用过的物品归置到位。"而我也会经常鼓励并提醒他："老公，这次放得比以前更好了；如果下次能这样放，我觉得效果还会更好。"

再比如，我俩一起做事时，通常会在原计划的内容和时间外，预留出额外的时间和空间，一是保证要做的事情可以顺利完成，二来也是预防万一有意外发生，有更多可选择的余地和调整空间。

把弹性时间和空间列到你们的计划内，让判断型伴侣来落实计划实施，让知觉型伴侣来处理突发和应急事件，这样，不但可以满足两个人的偏好，还能优势互补，有助于事情处理得更完善。

在亲密关系研究中发现，冲突起源于不一致，所以恋人或伴侣的相似性越低，他们体验到的冲突就越多，这一点并不奇怪（Surra et al., 1990）。当判断型和知觉型伴侣，发现两人在执行约定内容中出现分歧时，最有效的解决方式，是进一步澄清约定的内涵，而不是相互攻击和指责。

一份幸福美满的婚姻，不仅需要判断型的计划和落实，也需要知觉型的变化和随遇而安。在计划中拥有变化，在变化中遵循计划，会让判断型和知觉型伴侣，都能感受到婚姻的安全和自由，这也是幸福婚姻和普通婚姻的又一个不同。

测试你和爱人的心理偏好

好的，前面我们了解了伴侣之间在心理类型 4 个维度和 8 个偏好上的差异，以及接纳差异的方法，那如何才能知道你和爱人各自的心理类型偏好呢？

接下来，我们就通过一个简单的心理测试，来帮助大家了解，你和爱人在能量倾向、接收信息方式、处理信息方式和行为方式这四个维度中的心理偏好。

1. 能量倾向测评

第一个维度，是能量倾向。前面已经给大家介绍过了，能量倾向，主要呈现个人能量流动的走向，是偏好向外流动，还是偏好向内流动。

外倾型的人，能量向外走，他们接触陌生人时不累，交流话题也非常广泛，可以快速和人打成一片。仔细观察，你会发现，他们说得多，心情会更好；反之，如果一天不说话，人就会有点不高兴，心不在焉，也就是不在状态。

内倾型的人，能量是往里走的。他们和陌生人话少，但在自己熟悉和喜欢的人面前也很能说，而且习惯围绕某些话题做深入交流。他们不太喜欢泛泛的人际交往和应酬，而是有几个要好的朋友。更多时候，他们喜欢一个人静静地看书、听音乐、看信息和做研究，享受一个人的自由时间和空间。

请为自己评估：如果你觉得自己在能量倾向上，偏好外向多一些，就在下面的横线上，记录下字母 E（Extraversion），也就是外倾型；如果你觉得自己偏好内向多一些，请在下面的横线上记录下字母 I（Introversion），也就是内倾型。请记录＿＿＿＿。

请为爱人评估：如果你觉得爱人在能量倾向上，偏好外向多一些，就在下面的横线上，记录下字母 E（Extraversion），也就是外倾型；如果你觉得爱人偏好内向多一些，请在下面的横线上记录下字母 I（Introversion），也就是内倾型。请记录＿＿＿＿。

辅助自测

如果你在这个维度上，对自己和爱人的偏好不确定，可以尝试回答下面的问题：

"如果你或爱人一个人在家里待着时，更喜欢做些什么呢？"

偏好外倾型的人，通常会喜欢和人交流，打电话、发微信、微博互动等；偏好内倾型的人，通常会安静地享受个人时光，听音乐、看书、看电影等。

2. 接收信息方式测评

第二个维度是接收信息方式。主要体现在接收信息时，是通过五官接收，还是偏好于直觉加工。

感觉型，讲的就是五感，包括视、听、嗅、味、触，也就是看到的、听到的、闻到的、尝到的和触摸到的。偏好感觉型的人，比较关注细节和有形的事，他们喜欢用事实说话。做事情，也通常比较踏实和具体。

而直觉型的人，思维跳跃。他们依靠的不是现实，而是对现实进行联想和加工，做基础的内容收集和判断。偏好直觉型的人，在日常生活中比较关注宏观和趋势，他们关注未来比当下更多，做事时经常会表现得悟性高、反应快，喜欢关注无形、提炼规律，注重精神方面的提升。

请为自己评估：如果你觉得自己在接收信息上，偏好感觉多一些，就在下面的横线上，记录下字母 S（Sensing），也就是感觉型；如果你觉得自己偏好直觉更多一些，请在下面的横线上记录下字母 N（iNtuition），也就是直觉型。请记录_____。

请为爱人评估：如果你觉得爱人在接收信息上，偏好感觉型多一些，就在下面的横线上，记录下字母 S（Sensing），也就是感觉型；如果你觉得爱人偏好直觉型多一些，请在下面的横线上记录下字母 N（iNtuition），也就是直觉型。请记录_____。

辅助自测

如果你在这个维度上，对自己和爱人的偏好不确定，可以尝试回答下面的问题：

"如果家里新买进一台家用电器，你可以回顾一下，你和爱人分别是喜欢先看说明书再操作，还是喜欢先自己操作，等遇到问题再看说明书呢？"

偏好感觉型的人，通常会喜欢先看说明书，根据说明书上的指导，一步一步地进行操作；偏好直觉型的人，通常喜欢直接上手操作，等遇到具体问题，再来翻看说明书。

3. 处理信息方式测评

第三个维度，是处理信息方式，也就是人们接收信息后，大脑内部加工与处理的过程，分为情感型和思维型两种不同的处理偏好。

情感型的人，关注人。虽然他们在做事时，也不乏理性的思维和评估，但在做关键性决定时，他们更为关注人们的情绪和感受。

思维型的人，关注事。与情感型的人不同，他们会常说"情有可原，但法无可恕"。思维型的人，比较关注做事的目标和效率。在他们眼中，更容易看到问题的不足，并且用他们擅长的视角去解决这些问题。

通常我们一眼就能认出，夫妻两个人中，谁偏情感型多一些，谁偏思维型多一些。这里有个小技巧，就是情感型的人，通常是脸型偏圆润；而思维型的脸庞，看起来相对棱角分明。

请为自己评估：如果你觉得自己在处理信息上，偏好情感型多一些，就在下面的横线上，记录下字母 F（Feeling），也就是情感型；如果你觉得自己偏好思维型多一些，请在下面的横线上记录下字母 T（Thinking），也就是思维型。请记录＿＿＿＿。

请为爱人评估：如果你觉得爱人在处理信息上，偏好情感型多一些，就在下面的横线上，记录下字母 F（Feeling），也就是情感型；如果你觉得爱人偏好思维型多一些，请在下面的横线上记录下字母 T（Thinking），也就是思维型。请记录＿＿＿＿。

辅 助 自 测

如果你在这个维度上，对自己和爱人的偏好不确定，可以尝试回答下面的问题：

"日常工作和生活中，需要做决策时，你第一时间是考虑人的感受，还是考虑事的得失？"

偏好情感型的人，通常会先考虑人的感受，偏好情感关系；偏好思维型的人，通常先考虑事的得失，对事不对人，偏好理性思维。

4. 行为方式测评

第四个维度，是行为方式，是指个体行为走向所偏好采用的方法和形式，分为判断型和知觉型两种。

判断型的人，做事有计划，有条理，注重结果。如果要做的事情，没有明确的目标和操作流程，也就是缺少一个具体的操作方案时，他们就会比较焦虑，会不停地再做计划，希望能遵守规则，按部就班地去执行。

知觉型的人，和判断型正好相反。他们灵活、即兴、关注过程，经常是计划赶不上变化，也就是说，计划做得再好，只要大方向不变，他们在执行时，会随时调整和变化，喜欢即兴发挥的自由。

请为自己评估：如果你觉得自己在行为方式上，偏好判断型多一些，就在下面的横线上，记录下字母 J（Judging），也就是判断型；如果你觉得自己偏好知觉型多一些，请在下面的横线上记录下字母 P（Perceiving），也就是知觉型。请记录_____。

请为爱人评估：如果你觉得爱人在行为方式上，偏好判断型多一些，就在下面的横线上，记录下字母 J（Judging），也就是判断型；如果你觉得爱人偏好知觉型多一些，请在下面的横线上记录下字母 P（Perceiving），也就是知觉型。请记录_____。

辅助自测

如果你在这个维度上，对自己和爱人的偏好不确定，可以尝试回答下面的问题：

"日常工作和生活中，你或爱人的房间、办公桌或电脑桌面，是比较整洁，还是相对杂乱？非常遵守时间规定，还是容易迟到与拖延？喜欢给自己做计划并执行，还是定好大方向，剩下的顺其自然？"

偏好判断型的人，通常家里的房间、办公桌或电脑桌面收拾得比较整洁，遵守规则，擅长做计划并在高效完成中感受快乐；而知觉型的人，无论是家里的房间、办公桌，还是自己的电脑桌面或手机桌面，通常比较杂乱，做事容易拖延，只定大方向，喜欢过程中的发现和乐趣。

第 03 章
能力二：接纳差异，让夫妻成为彼此的助力

性格差异没关系，一张表助你高效沟通

通过前面的内容，相信你对自己和爱人的心理偏好已经有所了解，也知道了为什么同样情景下，两个人会有这么多的差异。那接下来，我们再来谈谈，夫妻间如何沟通，才能降低性格差异的负面影响，更快地达成一致，实现目标。

细心的你会发现，在前面了解 4 个维度 8 个偏好的具体差异时，我们已经介绍了相应的沟通策略和方法。为了帮你更加便捷高效地学习掌握，我和明心勇还准备了一份幸福夫妻性格差异沟通表（见表 3.1）。这是我们在学习心理类型后，为方便日常沟通而专门总结的应用表单。很多学员使用后，都提高了沟通效率，改善了沟通效果。值得一提的是，这个表单，除了用于夫妻沟通外，和任何人沟通中都可以用到。

表 3.1　幸福夫妻性格差异沟通表

4 个维度	8 个偏好	沟通注意事项
一、能量倾向	外倾（E）→内倾（I）	给对方思考的时间
	内倾（I）→外倾（E）	允许对方话比较多
二、接收信息	直觉（N）→感觉（S）	先从具体事说起
	感觉（S）→直觉（N）	先说框架和结构，再说具体操作
三、处理信息	思维（T）→情感（F）	先从一致的意见说起
	情感（F）→思维（T）	就事论事，允许 PK
四、行为方式	判断（J）→知觉（P）	给对方弹性的时间和空间
	知觉（P）→判断（J）	允许对方按部就班

从表 3.1 中可以看到，围绕 4 个维度 8 个偏好，我们把不同维度不同偏好之间的沟通方式做了一一对应，并简要记录了不同偏好伴侣之间的沟通要点。

这是一份帮助你快速确定沟通方式的沟通地图，需要的朋友，可以直接拍照保存在手机相册中，随时查看；也可以进入微信公众号"米乐圈"，回复关键词"沟通表"，获取完整电子版。

我们相信，每对夫妻都有独一无二的婚姻实践经验，也在长期的婚姻生活中，形成了自己的相处模式，但正如《科学史》作者 W. C. 丹皮尔所说："科学给人以确实性，也给人以力量。只依靠实践而不依靠科学的人，就像行船人不用舵与罗盘一样。"我和明心勇认为，在追求幸福婚姻的道路上，我们要学会借助科学的力量，用科学指导生活，用生活诠释科学。这样，每对夫妻都可以接纳彼此差异，成为一对独立协作、优势互补的最佳搭档和幸福夫妻。

夫妻测评偏好一致怎么办

有夫妻偏好不同，就有夫妻偏好一致。有学员曾经问过，自己和爱人在好几个维度上，测评结果都是一样的。这是不是就说明，两个人属于一类人，在偏好相同的维度上，就不需要再做沟通调整了呢？

我的回答是，说对了一半。为什么呢？

首先，在心理类型理论中，两个人同一维度上结果相同，说明你们确实属于同一种类型偏好。

其次，所谓"偏好"，就是两边比较后的结果，不是绝对的，而是相对的。就像偏情感型的人并不代表就没有思维功能，而是相对来讲，做决策时本能地更偏向情感关系，所以，在具体对比分析后，你就会发现，同一类型偏好的两个人，也有一定的心理差异。

比如，我和明心勇的测评结果，4个维度的字母组合都是INFP，也就是哲学家心理类型。但如果再深入每个维度，进一步进行比较，就会发现：在能量倾向方面，虽然我们都是内向型，但是明心勇比我更偏内向，我比他更偏外向；在接收信息时，虽然我们都偏直觉型，但明心勇比我直觉功能更强，我比他感觉功能更强；在处理信息上，虽然我们都偏情感型，但我比他情感功能更强，他比我思维功能更强；在行为方式上，虽然我们都偏知觉型，但我比他判断功能更强，他比我知觉功能更强。

所以，即使夫妻俩的测评结果中，4个维度上的测评偏好都是相同的，但具体到各个心理功能的对比上，还是会有差异。就像世界上没有完全相同的两片树叶一样，也没有完全相同的两个人。既然两个人有差异和不同，在沟通中，就要注意调整到适合对方的方式方法。

说到这里，我想起明心勇讲过的一个小故事。某个早晨，冰箱里的鸡蛋醒来了。第一个鸡蛋回头一看，大吃一惊，赶忙推了推第二个："看，它发霉了。"第二个揉了揉惺忪的眼睛，回头一看，也愣了神："哎呀，它不仅发霉了，还长绿毛了。"就在它准备推第三个鸡蛋时，那个被发了霉的鸡蛋说话了："有什么大惊小怪的，人家是颗猕猴桃。"

人和人的差异，大于动物和动物的差异。在婚姻生活中，我们常常会看不惯另一半的很多行为习惯，可迁移到这个故事中，我们却发现，也许你的爱人和你不同，他/她不是一个鸡蛋，而是一颗猕猴桃。

重点回顾

心理类型将人们的心理偏好分为4个维度，它们分别是能量倾向、接收信息方式、处理信息方式和行为方式。

感悟与思考

泰戈尔说："要是爱情不允许彼此之间有所差异，那为什么世界上到处都有差异呢？"问题来了，你了解自己和爱人的心理偏好差异吗？

一、请认真回顾，日常生活中，你和爱人在哪些方面会经常发生冲突，并且多次调整后，这些冲突还是反复出现？请把这些引发冲突的问题点记录下来。

二、请认真思考，在日常生活中，你常常要求爱人在哪些方面要改善？在你要求后，爱人做得如何呢？爱人常常要求你在哪些方面要改善？针对这些要求，你做得如何呢？你们有陷入"皮格马利翁计划"中吗？

三、请你和爱人围绕"能量倾向"维度进行自我测评，明确你们能量倾向上的偏好。两个人相对来讲，谁更偏外向，谁更偏内向？在这个维度上，你们之间常见的冲突点是什么？现在准备如何改善呢？

四、请你和爱人围绕"接收信息方式"维度进行自我测评，明确你们接收信息方式上的偏好。两个人相对来讲，谁的直觉功能更强，谁的感觉功能更强？在这个维度上，你们之间常见的冲突点是什么？现在准备如何改善呢？

五、请你和爱人围绕"处理信息方式"维度进行自我测评，明确你们处理信息方式上的偏好。两个人相对来讲，谁的情感功能更强，谁的思维功能更强？在这个维度上，你们之间常见的冲突点是什么？现在准备如何改善呢？

六、请你和爱人围绕"行为方式"维度进行自我测评，明确你们行为方式上的偏好。两个人相对来讲，谁的判断功能更强，谁的知觉功能更强？在这个维度上，你们之间常见的冲突点是什么？现在准备如何改善呢？

第04章

能力三：建立关系，
让婚姻既稳定又充满新意

　　幸福夫妻和普通夫妻相比，前者夫妻关系中的角色丰富多彩且一致性强，后者夫妻关系中的角色单一且常常会错配。

你想过，幸福夫妻和普通夫妻有什么不同吗？卢梭说："幸福的夫妻生活必须建筑在爱情的基础上。"而我和明心勇要告诉你的是，在经营幸福婚姻的过程中，一对夫妻除了拥有爱情，还要拥有更加丰富多彩的夫妻关系。

北京希尔顿酒店，我和明心勇刚从会场来到茶歇区，邻桌的一位女企业家就走过来，很有礼貌地对我说："打扰一下，刚才听介绍说，你们是一对夫妻，而且是做心理工作的，我有个问题想咨询一下，不知道您这会儿是不是方便呢？"

我看了一下明心勇，他微笑着点点头，做了一个请的手势。于是，我和这位女企业家走到了不远处的沙发区落座。刚一坐下，她就做了自我介绍。

"我叫刘亚楠，你也可以叫我亚楠。我观察你们好半天了，你们事业做得这么好，夫妻俩又这么恩爱，真是了不起。"

我被夸得有点不好意思了，说了声"谢谢"后，就问她："您找我是想交流什么内容呢？"

"噢，是这样的。"亚楠说，"我和老公也在一起创业，和你们的情况很相似。这些年，我们企业经营得还不错，物质上基本什么都有了，但在精神生活上，却感觉非常匮乏。我是想请教您，要怎么做，才能像您和您先生这样，建立这么好的夫妻

第04章
能力三：建立关系，让婚姻既稳定又充满新意

关系呢？"

我表示理解，然后问她："你们结婚多长时间了？"

"嗯，12年了。"亚楠回答，"他是我大学师兄，比我高两个年级。刚结婚那两年，我俩关系还挺好的。自从有了孩子，再加上创业前期压力大，比较忙，两人时间好像就不够用了，关系也不如以前那么亲密了。"

"现在事业走上了正轨，孩子也上学了，按理说两个人该有时间交流了，可是不知道为什么，能交流的话题非常少，除了公司里那些事，就是孩子的事，再就是中午吃啥，晚上谁去接孩子。你看，我一说就又扯到孩子身上了。"

亚楠的困惑，是很多夫妻在婚姻生活中普遍存在的问题。一对夫妻，婚前可能是同学、同事或朋友。刚开始时，两个人有说不完的话，聊不完的天，可结婚几年后，尤其是有了孩子之后，大多数夫妻，都会将注意力向孩子身上转移。

如果这期间，老公在孩子的抚养和教育上缺席，那夫妻俩可交流的话题就会更少。即使老公相对主动地参与了孩子的教养事务，夫妻俩的话题也会更多地围绕孩子进行。这样，等到孩子上学了，夫妻俩相处时间越来越多时，才突然发现，好像彼此已经没有了其他话题。

在亲密关系研究中发现，单一的夫妻关系和角色在婚姻经营中会显得迟钝、陈腐和停滞，换句话说，就是沉闷。如果当前夫妻彼此都感到沉闷，他们后来很可能会对关系不满意（米勒，2015）[193]。结婚数年之后认为自己婚姻变得单调乏味的配偶们，较之不乏味的配偶在9年之后更不幸福（Tsapelas et al.,2009）。

所以，想要收获一个幸福婚姻，我们要面对的第三个问题，就是夫妻关系和角色的单一。而要学习提升的第三种能力，就是建立关系，也就是在两个人的世界里，建立丰富多彩的夫妻关系，这样的婚姻，才会既稳定又充满新意。

第 04 章
能力三：建立关系，让婚姻既稳定又充满新意

为什么婚后的人际交往会变少

很多夫妻发现，结婚之后，自己的圈子除了工作就是家庭，各类人际交往大幅减少，不知道你有没有类似的经历和感受呢？

明心勇的一位战友，曾在两人聊天中说过："你看我们当年日子过得多滋润，每天小酒喝着，工作干着，一天没什么烦恼，整日乐呵呵的。你再看看现在，大家都成家有了孩子，平时联系得越来越少，想一想上次见面还是7年前。哇！一晃7年了，时间过得太快了，简直是不敢想。"

就在昨晚，明心勇还问我，以前的同学、朋友，现在联系的多吗？我想了想说："嗯，有联系，但不多。最多是朋友圈点个赞；同学群里投个票什么的。只有极个别的朋友，偶尔还会聊几句。你看，常丽洁是我发小，高中毕业后20年都没见过，最近一次见面还是去年的同学聚会。龚晓华是我工作后的好朋友，也十几年没见了。前几年，他还邀请我们到他那里去度假，这不一直也没去成。这些曾经的好朋友，都成了记忆中的人。"

为什么一对夫妻从婚前到婚后，人际交往会大幅缩减呢？亲密关系中的二元退缩（Dyadic Withdrawal）现象，可以解释这个原因。研究发现，当人们还是偶尔与恋人约会时，平均每天

和好友相处的时间是两小时；但与恋人订婚后，每天探望朋友的时间还不到 30 分钟（Milardo et al., 1983）。人们与爱人见面的次数越来越多，而探望朋友的次数就越来越少（Fehr, 1999）。婚后人们社交活动的重心，会从私人朋友转移到家庭和夫妻共同的朋友上（米勒，2015）[230]。这或许就是导致夫妻婚后人际交往锐减的重要原因。

另一项社会情绪选择理论（Socioemotional Selectivity Theory）也可以解释这一现象，随着年龄的逐渐增长，人们对自己所要选择的社交圈子越来越慎重，这并不是他们不会社交，而是更多人开始重视社交的质量而非数量。这或许也是导致夫妻婚后人际交往锐减的另一个原因。

从恋人到夫妻，再到父母，角色变化中，还发生了什么

一对夫妻婚后人际交往锐减，按理说会增加两个人的交流时间和机会，可是为什么过着过着两个人的关系和角色反而越来越单一了呢？

研习班会诊中，有位学员说出了与爱人的关系和角色发生变化后的无奈："你看，结婚前，我们经常一起外出旅行，那时候玩是真玩，只要开心就好；结婚后，我们虽然也会趁着周末和假期出去游玩，但是心境已经完全不一样了。婚前，是他照

顾我多些;现在是我既要照顾他,还要照顾孩子。从选地方、订酒店,到路上的衣食住行,每一样都需要操心。他俩有一个人玩得不开心,我都会心里不舒服。结婚前,我是单身,我们是恋人;结婚后,我是妻子,还是孩子的妈妈。这怎么会一样嘛!"

我和明心勇在幸福婚姻研究中发现,绝大多数夫妻在婚后的注意力会开始转移。婚前,他们是一对恋人,结婚后成了一对夫妻。如果这时候,在二人世界中出现了孩子,他们的生活状态将充满新的希望;但同时,他们的生活方式和交流方式也将发生全方位的变化。

在亲密关系研究中发现,很多人认为生养小孩会使婚姻更幸福——但实际上恰恰相反(Wendorf et al., 2011)。夫妻在孩子出生后,会把绝大多数的时间和精力向孩子的教养和照料上转移。在一项冲突研究中,当配偶们记录15天里他们所有的争执时,有孩子的夫妻,争吵频次最多(占38%)的话题是如何照料和训诫孩子(Papp et al., 2009)。

所以,不是说夫妻婚后有了二元退缩现象,就代表两个人交流的时间会越来越多。当他们生活重心转移时,注意力也会随之发生偏移。就像很多已婚人士说的那样:"婚前,两个人卿卿我我很自然;婚后,忙前忙后才是生活的常态。那些甜蜜又浪漫的爱情幻想,早就抛到一边了。我现在关注更多的就是工作、赚钱、养孩子、还房贷……"

4个关系，助力婚姻稳定而多彩

如何才能让婚姻生活不再因夫妻关系和角色的单一而变得枯燥和乏味呢？亲密关系研究表明，婚姻生活变得没有情趣、难以让人兴奋或者没有挑战性时，会滋生厌倦（Harasymchuk et al., 2011）。厌倦是爱恋和满意的对立面（Tsapelas et al., 2009），所以，要努力保持新鲜感，把握住每一个与配偶共同进行新奇探索的机会（Strong et al., 2006）。

研究还发现，通常促使人们结婚的爱情和使人们数十年厮守在一起的爱情并不一样（米勒，2015）[278]。随着我们年龄的增长，激情会逐渐消退，但亲密和承诺都会增强（Ahmetoglu et al., 2010）。相伴之爱比浪漫之爱更为稳定（Sprecher et al., 1998）。能长期维持幸福婚姻的人通常会向配偶表达出许多相伴之爱（Lauer et al., 1985）。

为了帮助大家更好地应用研究成果来改善自己的婚姻生活，我和明心勇在幸福婚姻研习班"建立关系"的主题训练中，分享了幸福夫妻的关系地图，如图4.1所示。

从这张图中我们看到，一对幸福夫妻可以在婚姻生活中建立4个平等而又相互联系的夫妻关系。它们分别是以"爱情"为主的情侣关系、以"友情"为主的同伴关系、以"成长"为主的同学关系和以"协作"为主的同事关系。那具体要如何建立呢?接下来,我们就逐一进行了解。

图4.1 幸福夫妻的关系地图

1. 情侣关系

"我今天要娶你做我的妻子,我向上天发誓,我终身将挚爱你一人,陪你度过日后的一朝一夕,伴你白头偕老。"

婚礼过后,一对恋人开始进入婚姻,通常人们会称呼他们是一对夫妻。而我和明心勇在幸福婚姻研究中发现,幸福夫妻与普通夫妻一个非常大的不同,就是幸福夫妻会将婚前的恋人关系,转化为婚后的情侣关系,"我不仅终身挚爱你一人,还会信守承诺,并和你一起将爱情进行到底"。在他们看来,婚姻不是爱情的结束,而是新阶段的开始。

在情侣关系的建立中,我和明心勇鼓励一对夫妻要有属于两个人的表达爱的方法。关于这点,本书第03章中曾介绍过,我和明心勇是如何通过解析"爱的密码",最终收获两个人"表达爱的21种方法"的。当两个人在日常生活中,将这些方法不断地实践应用后，我们不仅保持了情侣关系的亲密与和谐，还在一次又一次的互动中，持续收获了对方的爱意。我和明心勇情侣关系的日常生活如图4.2所示。

爱的牵手	爱的拥抱	爱的放松
爱的表白	**明心夫妇**	爱的理解
爱的陪伴	爱的支持	爱的赞美

图4.2 明心夫妇情侣关系的日常生活

亲密关系研究发现，人们更喜欢那些喜欢我们的人（米勒，2015）[89]。如果两个人彼此都喜欢对方，并且经常通过适合的方式来表达对对方的喜爱，那他们的感情契合度就会更高。

你也可以和爱人一起，总结出属于两个人的表达爱的方法。情侣关系的核心，就是在婚姻中常常自爱，并给对方表达爱意。正如朗达·拜恩所说："爱的正面力量可以创造一切美好事物，增加美好的东西，并改变你生命中的任何负面事物。"如果一对夫妻在婚后能持续自爱和表达爱，那他们收获的将不只是爱情本身，还有因爱情而带来的幸福婚姻和幸福人生。

2. 同伴关系

同伴，是指能一起做某件事的人，这是一种相处起来很舒服的关系，其最高境界被称为知己。发展心理学研究发现，同伴关系可以给我们带来归属感，通过和同伴的比较与相处，不仅能衡量自己的能力，还能获得更清晰的自我效能感。

在同伴关系的建立中，我和明心勇鼓励一对夫妻能玩在一起。玩是人的天性，同伴关系的初衷，也是能玩在一起。所以，能玩、会玩、愿意一起玩，这就是夫妻间建立同伴关系的关键。我和明心勇同伴关系的游戏盒子如图4.3所示。

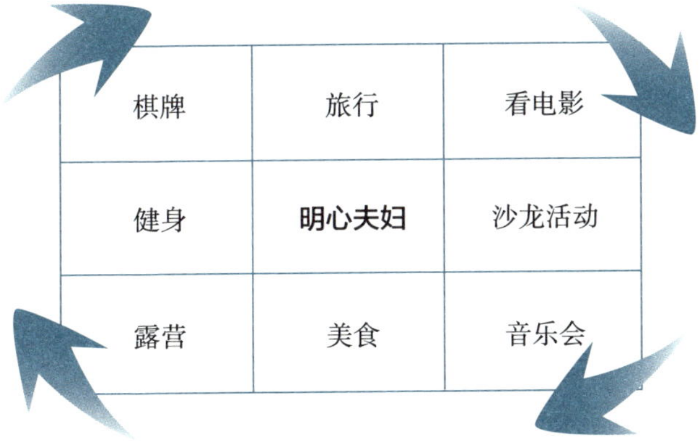

棋牌	旅行	看电影
健身	**明心夫妇**	沙龙活动
露营	美食	音乐会

图4.3　明心夫妇同伴关系的游戏盒子

以我和明心勇为例。图4.3中展示的内容，就是我和明心勇在同伴关系下经常一起玩的活动游戏，明心勇把它称为属于我们俩的游戏盒子。一有空闲，我们就会从中找出一两项，两个人一商量，就开始玩。

比如说，棋牌游戏，我们经常玩的是跳棋、五子棋和围棋，现在又增加了米乐爱玩的飞行棋；旅行方面，我们现在已经走过国内20多个省，未来还会去到更多的地方，领略更多的风土人情；看电影，我们每个月至少看一到两场优质影片；沙龙活动，前些年我们几乎每周都会参加一到两场线下活动，现在线上活动越来越普及，就更方便了。

还有音乐会，有小型活动，也有大型演出，每个季度会参加一到两次；美食，明心勇厨艺很棒，我们每天都在吃他改良过的作品，既健康又好吃，也会时不时地去某家口碑不错的餐厅取取经；露营，以前进行得多，这两年米乐小，类似活动就少了些，等米乐再大些，这样的活动还会再增加；健身运动，明心勇是从部队转业的，健身是他的习惯，保持得很好，我就跟着他断断续续地练，玩得开心就好。

其实，如果要再展开，我和明心勇的同伴关系活动，远不止这些。希望这张图，能起到抛砖引玉的作用，对大家建立同伴关系能有所启发。

你也可以和爱人一起，培养你们共同喜爱的娱乐活动。同伴关系的核心，是两个人在一起自由自在，彼此不要有太多约束，玩得开心，人不累。就像亲密关系研究中发现的那样，当伴侣能一起参与新异的、具有挑战性的、令人兴奋和快乐的活动时，他们通常会感到满足（Strong et al., 2006）。

那些热衷于徒步旅行、骑车、跳舞或者参加音乐会、演讲和演出的人，比那些只是待在家里看电视的人婚姻质量更高（Strong et al., 2006）。

夫妻俩在婚后建立同伴关系，既能放松身心，丰富两个人的文化生活，还能在爱情的基础上建立友情，让婚姻也能伴随着两人的友谊地久天长。

3. 同学关系

同学，又称同窗，是指在共同环境下一起学习的学生。夫妻间保持同学关系，不仅能增加扩展双方的兴趣、技能和经验，还能促进彼此的内在成长，让婚姻生活更充实。

马克·凡·都仑说，"教育是获得幸福的最好机会"；米南德也说过，"会学习的人，是非常幸福的人"。学习作为一种获取知识、交流情感的方式，是同学关系中最主要的交往活动。

在同学关系的建立中，我和明心勇倡导夫妻俩要培养共同的兴趣和爱好，并且围绕这些兴趣爱好持续学习、成长和发展。我和明心勇同学关系小课堂如图 4.4 所示。

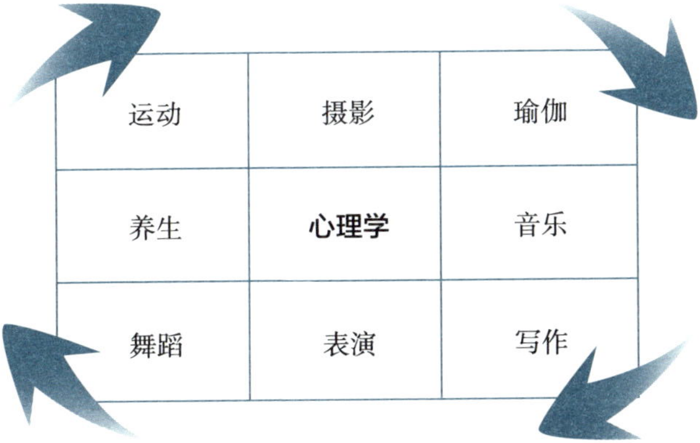

运动	摄影	瑜伽
养生	**心理学**	音乐
舞蹈	表演	写作

图4.4 明心夫妇同学关系小课堂

图 4.4 中呈现的是我和明心勇在同学关系中共同学习的主要

内容。这里,有终身学习的内容,也有阶段性培养的兴趣爱好。

比如,我和明心勇是以心理学为核心进行终身学习与实践的。同时,我们又结合不同阶段的兴趣爱好,学习了解了摄影、瑜伽、音乐、写作、表演、舞蹈、养生和运动等内容,丰富了我们的日常文化生活。

我所熟悉的其他幸福夫妻,也有的是以音乐或舞蹈为核心,还有的是以摄影或运动为核心,进行终身学习和实践的。而他们也会结合不同时期各自的兴趣偏好,去阶段性地学习了解自己感兴趣的其他内容。这些都是一对夫妻在建立同学关系过程中,共同要做的事。

你也可以和爱人一起,在建立同学关系的过程中培养共同的兴趣爱好。你们可以尝试围绕一个主题进行终身学习,就像我和明心勇以心理学为主题这样;也可以阶段性尝试不同的主题内容,来丰富彼此的文化生活。学习主题不拘一格,关键是你们两个都喜欢,愿意一起学习和了解。同学关系的核心,就是一对夫妻能在一起,共同学习、共同成长、同频前行。

有研究发现,新奇的活动、新的才能发展和新思想观点的获得,都具有内在的满足性(Nardone et al., 2008)。当你和爱人成了同学后,你们不仅能拥有彼此的爱恋,还能找回学生时代的浪漫时光。一本书、一段时光、一部作品、两个人,家——也可以成为学习的殿堂。

4. 同事关系

同事,是指能在一起共事的人。共事的核心是配合,真正要好的同事,就是在工作中能让你放心和省心的人。和他/她在一起,你们做事的效率会更高,付出的时间和精力会更少,效果会更好。

我和明心勇在幸福婚姻研究中发现,幸福夫妻会更多地参与和承担家庭责任。对家务劳动分工有分歧的同居情侣,比观点相似的情侣更有可能分手(Hohmann-Marriott,2006),和家务分配不公平的夫妻相比,共同分担家务劳动的夫妻对婚姻的满足感更高(Amato et al.,2007)。我和明心勇同事关系的日常事务如图4.5所示。

买菜	带孩子	洗衣服
健身	**明心夫妇**	沙龙活动
做饭	家庭财务	购置生活用品

图4.5 明心夫妇同事关系的日常事务

在同事关系的建立上,我和明心勇鼓励夫妻要按照彼此的偏好和特点,合理进行家庭事务的分配和协作。在图4.5中呈现了我和明心勇在家庭日常事务上的分工合作。比如,明心勇饭做得比我好,清洁房间卫生比我快,所以你会看到,在图的左侧,家里平常买菜、做饭和打扫卫生,就主要由明心勇负责;

而我洗衣服、整理房间和选购物品比明心勇在行，所以就像图的右侧显示那样，我们家洗衣服、整理房间和购置生活用品，就由我主要负责。

在图的中间，是带孩子和家庭财务等内容，这部分由我们共同负责。比如，在带孩子方面，明心勇擅长户外活动，我擅长室内活动。所以，外出的娱乐活动，由明心勇主要带领，我参与配合；而米乐在家的教育学习，由我主抓，明心勇来配合。还有，在家庭财务建设上，明心勇更擅长整体规划，而我更擅长分类管理。所以，每当遇到整体性的财务调整，我会以明心勇的意见为主；而在具体实施时，明心勇又会优先尊重的我选择。

你也可以和爱人一起，共同承担家庭中的各项事务，合理进行分配和协作。同事关系的核心，就是彼此独立，又能相互协作。正如马克思所说："要想美好地度过一生，就只有两个人结合，因为半个球是无法滚动的，所以每个成年人的重要任务就是要找到和自己相配的另一半。"而这相配的关键，就在于两个人在一起，能相互配合与分工合作，共同承担建设家庭事务的责任。

3个步骤，让你和爱人关系更亲密

前面我们已经介绍了幸福夫妻需要建立的4种关系，也介绍了我和明心勇在这方面是如何实践的。那生活中的你如何做，就能让你和爱人的关系更亲密呢？

第04章
能力三：建立关系，让婚姻既稳定又充满新意

在这里需要提醒你的是：幸福夫妻的关系和角色建立，不是仅靠一个人就能完成的，这需要夫妻俩的共同确认和行动。这样建立的关系才稳健，也才能在日常生活中，更为有效地发挥其应有的作用和价值。

所以，在开始具体的生活行动前，我们先要通过一个简单的测试，来看看你和爱人在婚姻生活中已经建立了哪些关系，有哪些关系是一方认为还不错，而另一方却认为一般或者不太满意的。

第一步：测试你和爱人的关系现状

围绕下面4种关系，逐一回答问题。在每项问题中，第一列为老公回答，第二列为老婆回答，两人各自打分后，得出该项内容的平均得分，见表4.1—表4.4。

（1）情侣关系。

表4.1　情侣关系现状评估

回答者	评估项	得分	平均分
老公	为我们日常生活中的情侣关系打分，满分5分，我打	分	
老婆	为我们日常生活中的情侣关系打分，满分5分，我打	分	

（2）同伴关系。

表4.2　同伴关系现状评估

回答者	评估项	得分	平均分
老公	为我们日常生活中的同伴关系打分，满分5分，我打	分	
老婆	为我们日常生活中的同伴关系打分，满分5分，我打	分	

（3）同学关系。

表 4.3　同学关系现状评估

回答者	评估项	得分	平均分
老公	为我们日常生活中的同学关系打分，满分 5 分，我打	分	
老婆	为我们日常生活中的同学关系打分，满分 5 分，我打	分	

（4）同事关系。

表 4.4　同事关系现状评估

回答者	评估项	得分	平均分
老公	为我们日常生活中的同事关系打分，满分 5 分，我打	分	
老婆	为我们日常生活中的同事关系打分，满分 5 分，我打	分	

第二步：绘制夫妻关系雷达图

按照两人的平均得分，共同绘制夫妻关系雷达图。当你和爱人清晰地了解了彼此对现有关系和角色的满意程度，你们才能发现婚姻中哪个关系和角色的维度更突出，哪个关系和角色的维度还不足，也才能更好地查缺补漏，让彼此关系的建立更有针对性。

具体的绘制方法是：首先，将你和爱人在 4 种关系上的平均得分，分别标注在对应位置上；然后，将标注点连线，就可以形成如图 4.6 一样的关系雷达图了。通过这个关系雷达图，你可以很直观地看出自己和爱人在 4 种关系上的薄弱项，以便有针对性地进行关系和角色的建立与加强。

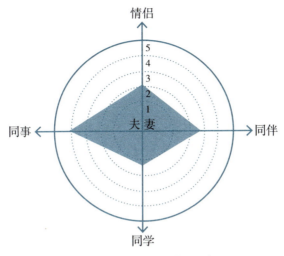

图4.6 夫妻关系雷达图示例

请参考上面的方法,在图 4.7 中绘制你和爱人的夫妻关系雷达图。

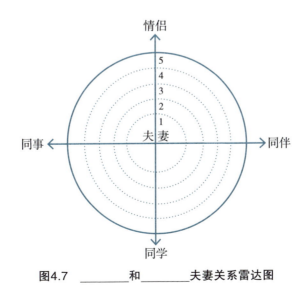

图4.7 _____和_____夫妻关系雷达图

第三步：建立健全关系

按照幸福夫妻关系雷达图的显示结果，从最弱的一项关系和角色开始，逐一进行建立健全。

（1）建立情侣关系。请参考本书第03章的内容，解析你们"爱的密码本"，整理并完善两个人日常生活中表达爱的方法，并把你和爱人在情侣关系中经常使用的方式和方法填写在图4.8中。爱，是婚姻中永恒的话题。从今天开始，回归彼此最初的爱恋，让你的婚姻生活充满甜蜜和幸福。

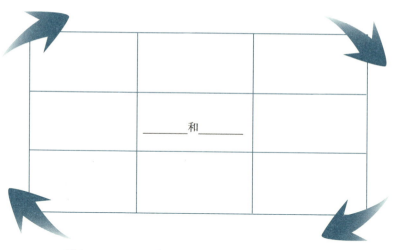

图4.8　_____和_____情侣关系的日常生活

（2）建立同伴关系。玩，是同伴的基础，开心是同伴关系的目标，也是结果。你也可以和爱人一起，建立你们幸福夫妻同伴关系的游戏盒子。围绕这个游戏盒子的内容，每月、每周，甚至是每天，共同开展那么一项或两项，相信你们生活中的乐趣会更多，婚姻的满意度也会提升。请完善图4.9，完成你和爱人之间同伴关系的游戏盒子。

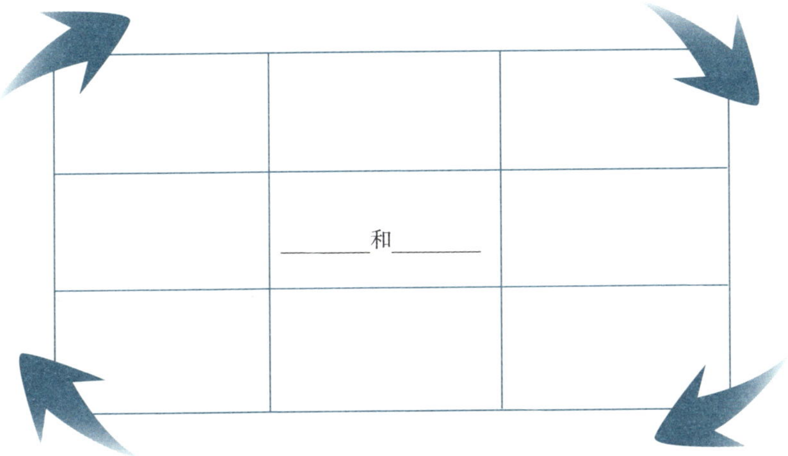

图4.9 _____和_____同伴关系的游戏盒子

（3）建立同学关系。常学习、会学习，把学习当成生活的一部分，是夫妻建立同学关系的关键。在学习方面，我们提倡夫妻要培养共同的兴趣和爱好，并围绕这些兴趣和爱好纵向深入浅出，横向拓宽视野。

正如明心勇常说，人生只有两种可以增加学习的方式，一种是直接经验，我经历了，所以我知道了；另一种是间接经验，我从他人经历过的知识分享中，去借鉴和体悟。夫妻俩只有建立起同学关系，才能同频成长、共同前行，也才能在婚后的生活中，持续收获新鲜感，让生活更充实，让成长持续发生。

请完善图4.10，完成你和爱人之间同学关系的小课堂。

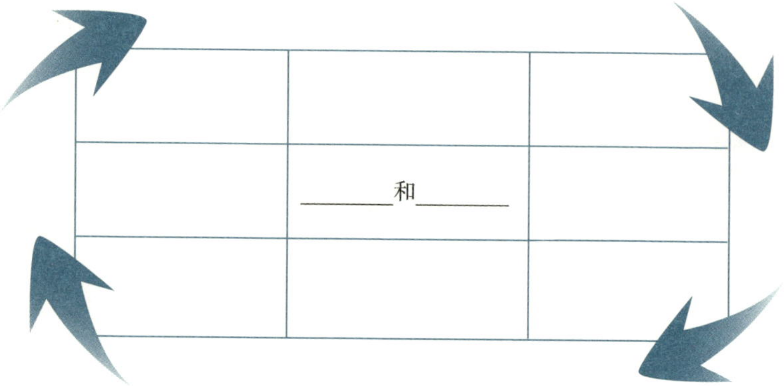

图4.10 _____和_____同学关系的小课堂

（4）建立同事关系。很多夫妻常常会陷入家庭事务的具体分配中，有分歧、起争执，发生冲突。正如婚姻专家所提醒的那样，想要婚姻幸福，"男人要多做家务，照料小孩，维系爱情，这样才能拥有幸福快乐的妻子"（Gottman et al., 1994）[225]。当伴侣双方共同承担家务时，亲密关系整体看来更为稳定和幸福。请完善图4.11，和你的爱人一起分担家务。

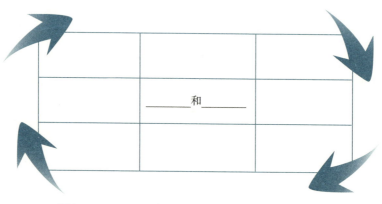

图4.11 _____和_____同事关系的日常事务

不要让不平等的夫妻关系，影响你的婚姻

我们再回到本章刚开始时亚楠的案例中。通过我的简要分享，她很快就发现了自己和爱人相处中存在的问题。

"我明白我的婚姻生活是哪里出现问题了。"亚楠说，"我一直以为，我们俩在婚姻中算是还不错的伴侣，但听你分享了你和爱人的日常关系后，我才知道，原来经营一份幸福婚姻，夫妻间需要更多维度的关系和角色，而且还要在这些关系和角色中做好正确的事情。"

回去之后，亚楠就和她爱人按照"幸福夫妻的关系地图"，重新调整和建立了他们的夫妻关系。一个多月后，我收到了她的信息："遇到你们夫妇，是我此行最大的收获……当我和老公逐个建立'情侣、同伴、同学、同事'这4种关系时，我们才发现，原先我俩在婚姻生活中除了关系单一外，还存在关系和角色不平等的问题。"

什么是婚姻中关系和角色的不平等呢？

"我老公是我大学师兄，"亚楠说，"我崇拜他的睿智，甚至习惯了什么都听他的，他也常常以这种姿态来教育我和孩子，这更像是师生关系。另外在合伙创业中，他是我们公司领导，原本我们都以为这很正常，可切换到婚姻生活中，他还像个领导，两个人在家里交流也经常是上下级关系。

"以前我在家里就经常感觉很压抑，现在终于找到了问题原因。这次学习后，我和老公进行了一次非常深入的沟通。老公说，他也不喜欢这种不平等的夫妻关系和角色，而且他由衷地希望我能开心和快乐起来。

"另外，还有件事情要告诉你。我和老公在客厅聊这些内容时，我儿子突然从他房间走出来，说他觉得我们俩早该这样了，也省得他再为我们操心。还说每次我俩生气的时候，他压力都特别大。你看，为了儿子，我们也要改变，要让婚姻生活更幸福！"

确实是这样，亲密关系研究发现，不平等的婚姻中夫妻一方比另一方更有权，他们会更不幸福，冲突和问题更多，更容易离婚（Amato et al., 2007）；反之，当伴侣双方同样重要时，亲密关系整体看来更为稳定和幸福（Helms et al., 2010）。

所以，在这里也提醒你，婚姻中的两个人，无论是什么样的复合关系，前提都是要平等。平等，是两个人和谐相处的前提。千万不要让不平等的夫妻关系，影响你的婚姻。

践行七字真言，做关系多样的幸福夫妻

研习班中曾经有学员问，他和爱人也尝试建立了 4 种平等的夫妻关系，但在角色切换时，常常会"卡壳"，感觉切换不过来。遇到这种情况，该如何处理呢？

接下来，我就给大家分享一个我和明心勇切换 4 种关系的

行动要诀,我们也戏称它为"幸福夫妻的七字真言",如图 4.12 所示。

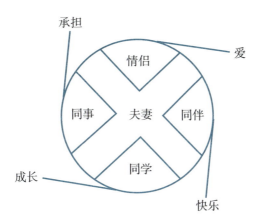

图4.12 幸福夫妻关系地图之"七字真言"

在图 4.12 中,我们可以看到,4 种平等关系中,情侣关系的动力核心是"爱",同伴关系的目标驱动是为了"快乐",同学关系的行为驱动是"成长",同事关系的态度驱动是在家庭事务工作中的"承担"。

所以,当我们记住这 7 个字——"爱、快乐、成长、承担",并在日常生活中开始行动实践时,我们就会顺其自然地带动 4 种关系开始旋转和切换应用。

昨天傍晚,我和明心勇在散步时还聊到这七字真言。我说,"爱"的核心,就是自爱和向伴侣表达爱。"快乐"的核心,就是要保持着一种正向积极的情绪状态,尤其是在家里,要笑容满面,而不是愁眉不展。"成长"的核心,要么是丰富自己的生活,拓展自己的视野;要么,就要围绕自己专注的内容,持续深入，进行钻研。还有就是"承担"，在婚姻生活中，有担当的夫妻自信心会更强，承担会给人带来价值感。

写到这里，我不禁想起明心勇说过的一句话："幽默，是一个人内心拥有快乐感的自然流露。"没错，幸福夫妻的关系建立也是如此。当我们内心充满了对幸福婚姻的期盼，当我们围绕幸福生活去不断实践，我们就会在婚姻生活中，顺其自然地与爱人建立起丰富多彩的夫妻关系。

在这些关系的应用中，每个人的自我提升是基础，也是内核，丰富多彩的夫妻关系应用是追求幸福婚姻的外延。所以，想要婚姻幸福，我们唯一要做的就是做好自己，影响他人。而且不只在今天，还要在婚姻生活的每一天。

重点回顾

一对幸福夫妻，通常拥有4种平等而又相互联系的夫妻关系，它们分别是情侣关系、同伴关系、同学关系和同事关系。

感悟与思考

夫妻之间拥有了平等多样的关系和角色，会让婚姻朝着稳定而幸福的方向去发展。伊萨可夫斯基说："爱情，这不是一颗心去敲打另一颗心，而是两颗心共同撞击的火花。"那么，在你和爱人的婚姻生活中，你们又围绕下面这些关系，碰撞出了什么样的火花呢？

第04章
能力三：建立关系，让婚姻既稳定又充满新意

一、情侣关系。请认真回顾和思考，你和爱人在婚后经常会做哪些基于情侣关系才会做的事情，请把这些事情记录下来。然后，和爱人一起交流，你们之间还可以尝试哪些情侣关系才会做的事，请把这些事记录下来，并在日常生活中和爱人一起建立健全情侣关系。

二、同伴关系。请认真回顾和思考，你和爱人在婚后经常会做哪些基于同伴关系才会做的事情，请把这些事情记录下来。然后，和爱人一起交流，你们之间还可以尝试哪些同伴关系才会做的事，请把这些事记录下来，并在日常生活中和爱人一起建立健全同伴关系。

三、同学关系。请认真回顾和思考，你和爱人在婚后经常会做哪些基于同学关系才会做的事情，请把这些事情记录下来。然后，和爱人一起交流，你们之间还可以尝试哪些同学关系才会做的事，请把这些事记录下来，并在日常生活中和爱人一起建立健全同学关系。

四、同事关系。请认真回顾和思考，你和爱人在婚后经常会做哪些基于同事关系才会做的事情，请把这些事情记录下来。然后，和爱人一起交流，你们之间还可以尝试哪些同事关系才会做的事，请把这些事记录下来，并在日常生活中和爱人一起建立健全同事关系。

第 05 章

能力四：规划婚姻，明确共同的发展方向

很多人不做职业规划，是因为企业或行业有设定好的发展通道；但也没有做婚姻规划，是因为压根没想到，幸福婚姻还能这样去规划。

你清晰自己和爱人的理想与目标吗？德莱赛说："理想是人生的太阳。"如果婚姻生活失去了理想的引领，我们将会失去前行的方向，陷入婚姻中的迷茫期。而规划婚姻，就是要帮助一对夫妻找到彼此的人生发展方向，让陷入迷途的婚姻重现光芒。

周六的下午，明心勇和米乐在小区游乐场玩耍，我在书房接听一个咨询电话。来电人叫孟波，今年32岁，结婚5年，爱人是自己在英国留学时的同学，回国后结婚，现在孩子已经上幼儿园。

"我和爱人最近几年话越来越少，"孟波在电话中说，"我觉得我们好像不是一类人，我要创业发展，而她喜欢待在家里享受生活。"

"我做项目时会全情投入；她喜欢的是逛街购物，挑选东西、刷卡时最开心。

"我每天忙前忙后地想办法挣钱，她整天琢磨的是怎么花钱。

"我喜欢安静的山林，她喜欢喧嚣的人群。

"我觉得我们俩'三观'不同，这让我非常纠结，两个人还能不能在一起。"

"你说的'三观'，具体指的是什么呢？"我问孟波。

他想了一下，然后说，"其实，我也说不太清楚。"

很多夫妻在婚姻生活中，都会遇到孟波所困惑的问题。如果夫妻两个人对彼此的需求和梦想不清晰、不理解，那这样的婚姻即使看起来风平浪静，甚至可能是和睦如春，但在背后却隐藏着巨大的危机。而幸福婚姻研究中发现，幸福夫妻都明白一个道理——婚姻的目标之一就是帮助彼此认识他们的梦想（戈特曼，2014）[202]。

所以，想要收获一份幸福婚姻，我们要面对的第四个问题，就是夫妻二人"三观不清"。而要学习提升的第四种能力，就是规划婚姻，也就是在现有的婚姻生活中，清晰彼此的"三观"，建立两个人共同的人生发展目标。

为什么婚前还有目标，婚后却开始迷茫

为什么一对夫妻，婚前还有目标，婚后却会出现目标不清晰的问题呢？明心勇有位学员是投资人，在辅导交流中，他说："婚前清晰，是因为当时目标很简单，两个人相知相恋，目标就是想走到一起。但进入婚姻后，原来的目标已经实现，接下来就需要树立新的目标，否则两个人各有各的想法，彼此之间不是相互支持和配合，而是各说各话、相互掣肘，那这样的婚姻就不会幸福，而且任其发展，还很可能走向离婚的边缘。"

我和明心勇曾就"人生和婚姻中出现迷茫"的话题，辅导过200多名职场人士。其中有上市公司的老总、圈内知名的投资人，有国内外知名大学毕业的职场金领，也有研究生毕业刚踏入社会的职场新人。在对这些人的辅导中，我和明心勇发现一个共通的轨迹，就是当人们没有找到自己人生的发展方向和目标时，就必然会受到对于"人、事、钱以及生活方式"的不同看法的影响，给自己的工作和生活带来困扰，让原本可以幸福的婚姻遭遇障碍。

德鲁克说过："不是有了工作才有目标，而是相反的，有了目标才能确定我们的工作。"同样，在婚姻经营中，如果一对夫妻对各自的人生发展目标不清晰，就会影响他们婚姻的幸福度。所以，并不是说结婚前目标清晰，结婚后目标就不清晰了，而

是当夫妻俩对婚姻经营缺少长远的发展规划时，婚姻中的迷茫、困惑、分歧和冲突早晚都会发生。

4个问题，帮你找到婚姻的方向和目标

如何走出婚姻迷茫期，建立起长远的人生发展目标呢？在幸福婚姻研习班中，我和明心勇分享了幸福夫妻规划婚姻的4个问题。

> 第一问：此生想成为什么人？
> 第二问：此生想做什么事？
> 第三问：此生想挣什么钱，怎么挣，怎么花？
> 第四问：此生想过什么样的生活？

在这四个问题中，清晰回答第一问"此生想成为什么人"，可以帮助我们澄清夫妻二人的人生观，也就是清晰彼此的人生发展目标；清晰回答第二问"此生想做什么事"，可以帮助我们澄清两个人的价值观，也就是确立影响自己一生的职业发展方向；清晰回答第三问"此生想挣什么钱，怎么挣，怎么花"，可以帮助我们澄清两个人的金钱观，也就是规划了一生的财富建设方向；清晰回答第四问"此生想过什么样的生活"，可以帮助我们澄清当前和未来两人各自想要的生活状态，过上属于自己

的幸福婚姻生活。

苏格拉底说："世界上最快乐的事，莫过于为理想而奋斗。"当一对夫妻清晰彼此在人、事、钱以及生活方式上的目标时，两个人在婚姻经营中才能够更好地相互配合，一起享受当下的美好时光，从而带来幸福和积极的情绪体验。

这就像幸福婚姻研究中发现的那样，在现有的婚姻生活中，与配偶分享自己最深切的目标，不但可以增加你们婚姻的亲密性，还可以进一步促使你们一起实现共同目标，让你们的婚姻更美满（戈特曼，2014）[233]。

第一问：此生想成为什么人？

我和明心勇在经营幸福婚姻的道路上，很重要的一步就是两个人在婚前就共同确立了"物质与精神平衡发展"的人生目标。在这一目标的指引下，我们不偏不倚，在10多年的婚姻经营中快乐前行。

尼采说："世界上有一条唯一的路，除了你之外无人可走。"巴菲特说："做我们所喜欢的，然后成功就会随之而来。"此生想成为什么人，是每个人一生探索和追求的方向。清晰地回答这一问题，将会帮助我们找到自己的人生定位，让前行的路上不再迷茫。

"做一个物质与精神平衡发展的人。"

——明心夫妇的人生目标（2007年制定）

能力四：规划婚姻，明确共同的发展方向

虽然，不是每个人一开始就能澄清自己的人生发展目标，也不是每个人通过一次或两次自我反思就能准确地找到自己的人生定位；可一旦找到了属于自己的人生发展目标，我们就会更加清晰而坚定地走上自己想走的路，让原本普普通通的婚姻生活，绽放出爱的温暖和生命的光彩。这样，在走向生命尽头，回顾自己一生走过的路时，你会发现，可能有崎岖坎坷，但却充满精彩。

在回答第一个问题"此生想成为什么人"时，我和明心勇使用过很多的心理工具，来帮助彼此做澄清。在这里我们重点推荐大家使用的是"墓志铭"（如图5.1所示），这也是当年对我们启发最大的心理训练工具之一。

"墓志铭"这个工具，简单来讲，就是写一段将来去世后，可以刻在自己墓碑上的文字，也就是给自己身后写一段生平。字数多少不限，但可以概括自己的一生。

我和明心勇曾多次尝试给自己写墓志铭。刚开始，两个人拿着笔面面相觑，什么也写不出来，多次训练后，才一点一点对自己人生刻画得越来越清晰。

明心勇说："墓志铭训练，可以以死看生，净化心灵。"在一次次的墓志铭书写训练中，我们发现，人生的目标不是单纯物质或单纯的精神可以支撑的，而是需要物质与精神平衡发展。物质代表头脑中理性的一面，精神代表我们感性的需求，物质和精神的平衡发展，既满足了身体对物质的需要，也满足了心灵对精神成长的追求。所以，我们最终决定把"物质与精神平衡发展"作为我们共同的人生目标。

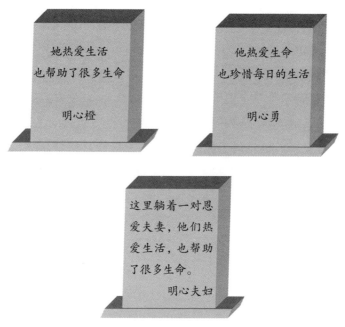

图5.1 明心夫妇"墓志铭"的心理训练

那怎样才算是实现了物质与精神平衡发展的人生目标呢？为了使这个目标不只停留在纸上，而是能与实践相结合，在确定目标的当天，我和明心勇又以时间为单位，对人生目标做了进一步澄清。

"一年有365天，去除节假日，还剩200多天。如果有一天，我们实现了物质与精神的平衡发展，那就是做到100多天工作，100多天生活，节假日用来休闲和游学成长。"

"一周有7天，去除周六日，还有5天。如果我们实现了物质与精神的平衡发展，那就是要2天半工作，2天半生活，周六日同样是休闲和游学成长。"

——明心夫妇人生目标量化评估标准（2007年制定）

10多年前，我和明心勇刚刚准备进入婚姻，白手起家的我们，面对工作和家庭建设的双重压力，也会时常感到困惑和焦虑。可是，就是在这样的一个状态下，我们幸运地通过规划婚姻的第一问，找到了两个人一生的前行方向，也改变了我们婚姻生活的发展走向。

你也可以尝试和爱人一起书写各自的墓志铭，哪怕一次两次还写不清晰。但是，当我们不断地以终为始去定位和看待人生时，你和爱人终将找到自己人生的前行方向，建立起两个人共同的人生发展目标。

戴维·迈尔斯和艾德·迪纳曾说过："在一个惬意的环境中被动地生活所感受到的快乐，远远比不上那种有激情地投入有价值的活动中，以及为目标而奋斗所能体验到的满足感。"人生发展目标的制定，不但能澄清夫妻俩的人生观，还能给婚姻经营做导航，让两个人在追求幸福婚姻的道路上砥砺前行。

第二问：此生想做什么事？

人生发展目标的确立，为我们指明了婚姻前行的方向；事业发展路径的选择，可以帮助我们找到实现目标的道路。

10多年前，当我和明心勇制定了物质与精神平衡发展的人生目标，并且将评估标准量化之后，首先想到的就是怎样才能实现目标，这也是规划婚姻第二问"此生要做什么事"所需要的答案。

泰勒·本-沙哈尔说："一个目标，一个明确的承诺，可以让我们集中注意力，帮助我们找到达到目标的路线。"当我和明心勇将注意力聚焦到人生目标的方向时，我们终于看到并选择了与实践目标相匹配的道路。

"做自己生命的太阳，温暖自己，照亮他人。"
——明心夫妇的价值观（2007年制定、2015年修订）

为什么会用这句话来体现我们的价值观呢？当年我和明心勇选择了通过心理工作来实现"物质与精神平衡发展"的人生目标。心理工作的本质，就是自助助人，而且心理工作注重心理工作者自身生命状态的养成。

亚里士多德说过："幸福只能靠自己。"一对夫妻关系再亲密，生命的成长也只能靠自己，而不能靠对方。所以，"做自己生命的太阳"，既是我和明心勇为自己生命承担的承诺，也是为实现"物质与精神平衡发展"这个人生目标而对自我的一种期待和要求。

其次，"温暖自己，照亮他人"，也是心理工作者自助助人的实践准则。如果再把自助助人分解诠释，那就是无论我们身处何时何地，都要尝试能做到自觉自醒，每天做好两件事：一是自助成长，二是助人分享，并乐在其中。

第05章
能力四：规划婚姻，明确共同的发展方向

在回答第二问"此生要做什么事"的过程中，我和明心勇做过很多尝试。围绕心理工作的定位，先做加法，后做减法，这也就有了我们之前10多年大量的心理辅导、心理培训和项目服务的经历。

最忙碌的时候，我一年出差240多天，明心勇3个月飞了16个省，两个人要么在一线服务，要么走在去一线服务的路上。

纳撒尼尔·布兰登说："要想找到价值，人们必须相信自己有资格享有这种价值。若要为幸福而奋斗，人们必须相信他自己有资格拥有幸福。"数万小时的心理服务，让我们在心理工作实践的道路上，破茧成蝶。之后，我们不仅实现了当初制定的"物质与精神平衡发展"的人生目标，还过上了"自然自由自在自律"的生活。

在回答第二问"此生想做什么事"中，我和明心勇推荐的心理训练工具是"生命终点的反思"。如果说，10多年的心理服务中，我们在不断尝试做加法，那"生命终点的反思"，就是以一种极简的方式，让我们放下外在的所有，给自己的人生发展做减法。

10多年前，当我和明心勇第一次使用这个工具，做自己的生命终点反思时，我们一下子就清晰地找到了自己生命中最重要的事。后来，我们又反复做过多次，所列出的生命中最重要的这些事，也变得越来越简单，最后以最朴素的方式呈现在了我们面前，如图5.2所示。

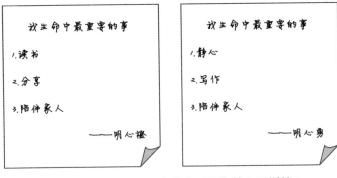

图5.2 明心夫妇"生命终点反思"的心理训练1

现在,我和明心勇每天都在做这 5 件事,如图 5.3 所示。这里有我喜欢的读书和分享,有明心勇喜欢的静心和写作,有我们共同喜欢的陪伴家人。其中,读书、静心和陪伴家人,都是我和明心勇在"自助",也就是"做自己生命的太阳,温暖自己"在做的事;而我们的工作,无论是出版图书,还是心理辅导、课程培训,都是我和明心勇通过写作和分享来"助人",也就是"影响他人"在做的事。

图5.3 明心夫妇"生命终点反思"的心理训练2

第05章
能力四：规划婚姻，明确共同的发展方向

你也可以和爱人一边实践，一边逐步完成自己"生命终点反思"的训练。通过一次又一次的实践，来丰富自己的人生经历，再通过"生命终点的反思"，找到生命中对自己和社会最有价值的事。

接下来，请回答下面3个问题，完成"生命终点的反思"，找到你生命中最重要的事。

（1）如果你的生命还剩下1年，你可以做3～5件事，你将会做哪些事，请把它记录下来。

（2）如果你的生命还剩下最后3个月，你可以做3～5件事，你将会做哪些事，请把它记录下来。

（3）如果你的生命还剩下最后1天，你可以做1件事，你将会做哪件事，请把它记录下来。

爱因斯坦说："不要努力成为一个成功者，要努力成为一个有价值的人。"当两个人找到各自生命中最重要的事，并开始在当下生活中彼此接纳，相互包容，共同实践，相信每对夫妻都能体会到一天和一生的紧密联系。

这里补充个小插曲。在一次活动中，有位年长的朋友对我和明心勇说："你们现在的幸福多么难得，你们要懂得珍惜。"明心勇点点头，说："是的，我们非常珍惜在一起的每一天。"他话音刚落，对方就脱口而出："要不要这么夸张？"

事后，我问明心勇："为什么他会有这样的反应呢？"明心勇回答说："可能他还不明白，一天即一生，一生就在生命中的

每一天。"

清晰地知道自己"此生要做什么事",就好比是在人生长河中,走入了一个特定的轨道,你无须督促和攀比,也不需要刻意或太用力,只需要每天顺其自然做一点,匠心独具,水滴石穿,功到自然成。

第三问:此生想挣什么钱,怎么挣,怎么花?

这是我和明心勇在规划婚姻时遇到的第三个问题。虽然我们制定了清晰的人生发展目标,也围绕目标,找到了两人共同前行的道路,但由于结婚前,我们俩都缺少家庭财富管理的经验和财商基础知识的学习,所以,婚后第三年,我们还是掉入了财务陷阱中,出现了家庭财务方面的危机。

培根说过:"顺境中的好运,为人们所希冀;逆境中的好运,则为人们所惊讶。"这次财务危机,表面看是我们人生中的逆境,但却引发了我们对钱的关注和研究,把我们带入了婚姻成长的新阶段。我们开始认真学习财商知识,并借此契机,制定了一生的家庭财富发展规划。

"迈向财务自由之路。"

——明心夫妇财富发展目标(2010年制定)

很多人都听说过"财务自由"这个词,它和财务独立的内涵不同。财务独立,重点是看挣钱的能力,但在花钱的方向上缺少一个系统的规划和管理机制。而财务自由,本质是积累资产，也就是让你的被动收入大于你的日常支出。明心夫妇财务规划之前和之后的现金流走向如图 5.4 和图 5.5 所示。

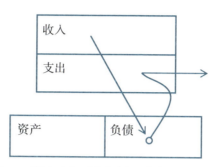

图5.4　明心夫妇财务规划之前的现金流走向

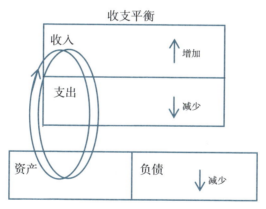

图5.5　明心夫妇财务规划之后的现金流走向

从图 5.4 和图 5.5 中可以看到，当我和明心勇树立了"迈向财务自由"的财富发展目标后，我们调整了家庭中日常现金流的走向，从原来比较随意地购买负债，转变为不断地积累资产。

财商基础知识中明确提到，负债就是购买后，还会从你口袋中不断掏钱的东西；而资产，则在购买后，会源源不断地为你带来新收入。

正如财商专家罗伯特·T.清崎所说:"真正的财富是一种思维方式,而不是在银行里的钱。"当我和明心勇开始关注财商、关注家庭财富建设后,我们不仅找到了此生家庭财富发展的目标,还找到了实现这个目标的通路。

那么资产究竟由哪些组成呢?在持续多年为金融行业提供心理服务的过程中,我们一边服务,一边通过对金融工具的进一步了解,总结出了自己家庭财富系统建设的金字塔,如图5.6所示。

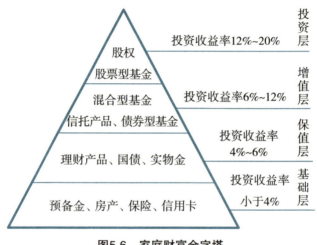

图5.6 家庭财富金字塔

巴菲特在《聪明的投资人》中说:"要想在一生中获得投资的成功,并不需要顶级的智商、超凡的商业头脑或秘密的信息,而是需要一个稳妥的知识体系作为决策的基础。"在围绕家庭财富金字塔持续积累和建设中,我们拥有了一生财富积累的通路,开始走上了财富持续增长的快车道。

好,有了前面这些基础的财商知识和财富管理的规划,接下来我们就可以回答第三个问题"此生想挣什么钱,怎么挣,怎么花"了。

首先,在"此生想挣什么钱,怎么挣"上,我和明心勇协商后达成共识,我们只做自己的"擅长和喜爱",也就只挣与付出相应回报的钱。这个钱,就是第二问中所提到的心理辅导、心理培训和图书出版所带来的收入。正是这样的定位,让我们可以心无旁骛,持续10多年地专注于当下,去做自己喜爱的事,在事业发展中做到了专业、专注和专精。

那挣来的钱"怎么花"呢?不是直接就花掉,而是围绕家庭财富建设的金字塔,持续增加资产、减少负债。借助时间的力量,成为钱的主人。

你也可以和爱人一起学习财商的基础知识,其中最重要的是先要知道你们俩此生财富建设的目标,是挣钱花钱、实现财务的持续独立,还是走出财富的"老鼠道",迈向婚姻家庭中的财务自由之路。

考虑到很多夫妻对财商基础知识还不太了解,我简单总结下本小节内容中提到的财商知识点:

  1. 财务陷阱,就是你的收入小于你的支出。当婚姻生活陷入财务陷阱时,夫妻二人的焦虑感会增加,日常分歧和冲突也会增多。

  2. 财务独立,就是你的收入大于等于你的支出。多数中产家庭处于这一收支平衡的阶段。当婚姻生活处于财务独立时,夫妻关系相对平稳,婚姻建设相对稳定。

3. 财务自由，就是你的被动收入大于等于你的支出。少数家庭处于这个阶段。达到财务自由，并不能说明夫妻二人收入有多高，只能说明两个人对于家庭财富的规划与管理处于一种相对自觉的状态。处于财务自由阶段的家庭，夫妻俩心态更好，也为婚姻中实现更好的生活品质，奠定了一定的物质基础。

4. 资产，就是拥有它之后，可以给你带来收入的东西。比如财富金字塔的建设，主要就是在为家庭购买和积累资产；再比如一些知识产权等，也都属于资产项。婚姻中拥有的资产越多，家庭收入的来源也就越多。

5. 负债，就是拥有它之后，你还需要持续为它付费的东西。很多夫妻分不清资产与负债的区别，比如说房子、车子和电子设备等，当你购买它后，你还在为它持续付费，这些都属于负债。一个家庭中，如果负债支出大于资产和日常工作挣取的收入，那么即使这个家庭日常生活再光鲜亮丽，也是在财务陷阱中，家庭中的人会更加焦虑，也会影响婚姻中的夫妻关系质量。

6. 老鼠道，是指挣钱花钱的一种模式。主要指人们将挣得的收入直接用于支出和购买负债，虽然收入有增加，但负债会不断掏空你口袋中的钱。于是，人们的财富就处于一种进进出出的状态，永无止境。

7. 快车道，是指挣钱花钱的另一种模式。主要指人们将挣得的收入直接用于支出和购买资产，资产能带来新的收益，虽然短期看收益并不多，但随着时间的累积，人们终会走向财务自由之路。

　　注：关于财商知识的学习，推荐大家阅读罗伯特·T.清崎出版的《富爸爸》系列丛书，可以更全面地了解财商内容，也能更清晰地理解在规划婚姻中财富建设和积累的重要价值。

第四问：此生想过什么样的生活？

有了人、事、钱3层较为清晰的规划，我和明心勇前行的步伐坚定而有力。就这样，一直到有了米乐。米乐的名字，取自"弥勒"谐音，引申为左手大米，右手快乐，寓意为物质和精神平衡发展，有米有乐有幸福。这既是我和明心勇的人生目标，也是对孩子的美好祝福。

作为心理工作者，我和明心勇非常重视孩子3岁前父母的陪伴。所以，2016年，也就是米乐出生后的第一年，借助陪伴孩子的契机，我们放下了手头绝大部分的工作，每天陪他睡到自然醒，一起听风、看雨、逛公园。我们把这样的生活，称为自然自由自在的生活方式。

可是，这样的生活仅仅持续了大半年时间，两个人的状态就都不好了。每天睡到自然醒，却越醒越早睡不着。于是，在这个时候，我们提出了规划婚姻中的第四个问题，也就是两人此生究竟想要过上一种什么样的生活。

　　"过上自然自由自在自律的生活。"
　　　　　　　　　　——明心夫妇的生活方式（2016年修订）

卢梭说:"生活得最有意义的人,并不就是年岁活得最大的人,而是对生活最有感受的人。"左拉说:"生活的全部意义,在于无穷地探索尚未知道的东西,在于不断地增加更多的知识。"

其实,关于"此生想过什么样的生活"这个话题,我和明心勇在婚前就进行过多次的深入交流和讨论。我们的目标是要建设一份幸福的婚姻,所以,在关于婚姻生活的规划上,就会围绕幸福的感受,去调整自己的生活状态。

比如,我从小喜欢自由自在的生活,坐在老树藤上晃秋千,带着小伙伴们到程爸的小菜园里摘西红柿,猫在外婆家的葡萄架下吃葡萄,一个人一包瓜子一本书就是一下午。这种自由自在的生活,是我从小就喜欢的,也是我后来长大步入职场后,一直想要的生活状态。

而明心勇从小在新疆长大,又有7年军事、8年政工的军队生活经历。他喜欢亲近自然,与绿色有缘,与水连接,平常喜欢品茶、写作、锻炼身体。

心理学家蒂姆·卡瑟在研究中指出,时间上的富裕比物质上的富裕能带给人更多的幸福。当我们以时间为量度,再次经历那些曾带给自己幸福感的场景和体验时,一段段轻松有趣、幸福快乐的记忆,就会浮现在我们眼前,内心的幸福感也会油然而生。我和明心勇把这些场景和体验称为"幸福的触发点"。

比如,在我关于幸福记忆的描述中,有"秋千""看书""水果"和"交流",那当我做这4件事时,本能地就会触发儿时的幸福感受。而明心勇的幸福触发点中,则有3个"水"。第一个水,是周边环境中有水,可以经常在水边漫步;第二个水,是家庭环境中有水、有绿植,可以净化空气,抚慰心灵;第三个水,是日常饮用中有水,一杯清茶,从起床后开始,贯穿全天,可以给身体补水,也可以放松身心。

明心勇说:"当每天经历这些熟悉而带有幸福记忆的场景时,我们会更快进入一种心境中,这就像一种生活中的禅修,把我们的心,瞬间带回了儿时的幸福场景中。"

图 5.7,就是我和明心勇围绕两个人幸福的触发点,合并整理出的我们夫妻幸福生活的九宫格。其中有我喜爱的"秋千""看书""水果"和"交流",也有明心勇喜爱的"水边漫步""水景绿植""品茶"和"写作",还有我们共同喜爱的"心理工作"。

坐秋千	看书	吃水果
两人交流	**心理工作**	水边漫步
水景绿植	一起品茶	共同写作

图5.7 明心夫妇幸福生活九宫格

2016 年,当清晰地描绘出两个人幸福生活的九宫格后,我们发现原来喜爱的"自然自由自在"的生活中,还缺少一个词,那就是"自律",而我们当下和未来真正想要过上的是"自然自由自在自律"的生活方式。

你也可以和爱人一起畅想各自最理想的生活状态,去完善你们的幸福生活九宫格。正如普利策奖获得者艾米·洛威尔所说："生活是一张白纸，每个人都在上面写上自己的一两句话。"当在自己生活的白纸上，以时间为笔，去写上与幸福有关的印迹时，我们就会在不经意的回眸中与幸福相遇。

在回答第四问"想要过上什么样的生活"中，给大家分享一个视角作为参考。这是发生在我以前一位同事身上的事。

有一天，这位同事问我："程老师，我有个心愿，想了很多年了，一直没实现，总是惦记着。朋友说，让我做好眼前的工作，别去想那个心愿要不要实现。你觉得，我该怎么办？"

我看着左右摇摆不定的她，一字一句地回答："如果我是你，有这么一个心愿，我一定不会委屈自己，当下就去实现。但如果说要去实现这个心愿，只是为了逃避眼前遇到的困难，那么，我会先冲破困难，再实现心愿。"

"过上自己想过的生活"，就像同事问我的问题一样，如果这确实是你生活的方向和目标，请立刻去实践。可如果这个方向和目标，只是你逃避现实的借口，那么，我和明心勇的建议是，先战胜现实的挑战，再实现未来的心愿。因为，人生像一面镜子，你有什么样的内心，就会映出什么样的生活。

想要规划落地，还需要系统思维

有学员问："我也在尝试使用'婚姻规划四问'来澄清我和

爱人彼此的'三观',以及未来想要的生活方式,但我发现这个看起来简单,做起来却很难,是什么原因呢?"

这是因为,虽然婚姻规划只是回答了日常生活中"人、事、钱和生活方式"这4个问题,但它使用的却是"系统思维",而不是"竖井思维"。

比如,大家在上学和工作时,常会有人问,"你学的是什么专业啊?""你是做什么工作的呀?"

我们会回答,"心理学""管理学",或者"我是一名心理咨询师""我是律师""我是金融理财师"等。

上学和工作的时候,术业有专攻,这样回答没有问题。但到了生活中,尤其是在婚姻生活的建设中,如果还是这样单一化的结构思维,也就是"竖井思维"的模式,那就不够用了。

因为,无论是一个人、一对恋人,还是一对夫妻,在婚姻生活中,每天要面对的,既有人的问题,事的发展,也有钱的应用。所以说,规划婚姻看似只是简单的4个问题,背后却包含着人、事、钱的系统思维模式。

影响婚姻的3种思维模式,你属于哪一种

经济学家约翰·凯恩斯说:"思想引导行为,行为养成习惯,习惯形成性格,性格决定命运。"那包含人、事和钱的思维模式都有哪几种呢?

第一种：人－事－钱或人－钱－事的思维模式

这种思维模式，关注人的成长性，也称人本思维。我们常说，一切为了人，一切依靠人，为人谋幸福。马斯洛需求层次理论中，也是将人的需求划分为生理、安全、归属与爱、尊重和自我实现5个层次。

那么，一个具备人本思维模式的人，他在做人做事挣钱的方式上，是一个怎样的行为走向呢？

首先，他会围绕人的需求，明确前行的方向和目标。这就像我和明心勇在进入婚姻前，先制定人生发展目标一样，先确定人的需求点。

其次，他会围绕这个需求和目标，进行逆向倒推，来找到当前支持自己实现目标的最佳路径。这一点是很重要的，很多朋友在制订完规划后，缺少以终为始逆向寻找路径的思维和方法。

然后，他会计算出实现这个目标需要挣多少钱，或者说需要花多少钱，就能支持到目标的最终达成。这时，他就可以起步了。

人－事－钱的思维模式，是先定人的需求，再做事挣钱，实现目标；人－钱－事的思维模式，是先定人的需求，再通过花钱做事来实现目标。这两种思维模式本质上比较接近。

第二种：事－人－钱或事－钱－人的思维模式

这是第二种常见的思维模式，比较关注事的达成。绝大多数职场人，都处在这种思维模式中。我和明心勇在婚前，尤其是刚入职场的前几年，也曾是这种思维模式。

这种思维，强调事。注重同一时间内，要么是做更多的事，要么就是把一件事做到更好或做到极致。而人和钱，都是为实现这件事的目标来服务的。

说到这儿，我想起有位学员问过的问题。他说："周末休息时，家里经常有些事情需要处理。我老婆总是想两个人一起做，可这种情况下明明是两个人分开做，效率会更高。我就很纳闷，为什么她总喜欢两人一起做呢？"

这位学员是外企高管，工作能力很强，做事效率也很高，但在和爱人共同做事时，却陷入了事－人－钱的思维模式中。他以为事情做得快，就是效率高，却忽略了做事的效果。而"效率"这个词在管理学中，主要指的不是你做事的快慢，而是单位时间内是否满足参与人的需求。

真正的高效做事，不只是速度快，还要效果好。在婚姻生活中，除了少数特别急迫的事情外，大部分情况下，和爱人一起，边做事边聊天，两个人琴瑟和鸣地享受生活，才是婚姻中做事效率最大化的表现。所以，事是为人服务的，事－人－钱或事－钱－人的思维模式，在婚姻生活中常见，却并不利于夫妻关系的维系。

第三种：钱－事－人或钱－人－事的思维模式

这种思维模式的人，比较看重钱。也不能说他们唯利是图，只是日常生活中，会把钱看得重一些。可能有人会说："我家里没什么钱，所以我也不是什么钱－事－人或钱－人－事的思维。"

这还真说不定。当处在钱 – 事 – 人或钱 – 人 – 事的思维中时，只要有关于钱的变化和动态，人就会忘记自己做人做事的初衷。先是心动，然后行动。

比如说打折促销，有多少人曾在打折促销时，买了自己原本不需要的东西。再比如投资理财，又有多少人在压根不了解产品运营模式的情况下，就被高额收益率所诱惑，轻易入局。如果日常生活中，大家有过类似的行为，其实都是钱 – 事 – 人或钱 – 人 – 事的思维在作怪。

我和明心勇在婚后，每年都会为了提升自己的生活品质，花钱、花时间外出去学习。有朋友说，我也想提升，我们也想成长，可是一谈到要花钱，人就不见了。其实，这也是钱 – 事 – 人或钱 – 人 – 事的思维模式，就是在日常生活中，把钱看得过重，而忘记了钱是为人服务的这个准则。

不同的思维模式，带来不同的婚姻走向

有人问，这 3 种思维模式，对于每个人是固定不变的，还是在不同阶段，会随着关注点不同而动态变化呢？

关于这个问题，我和明心勇曾经做过比较细致的交流和讨论。我们认为：通常情况下，每个人会有一个主要的思维模式在指导自己的日常言行；但在不同阶段中，3 种思维模式会有不同的应用侧重。

第05章
能力四：规划婚姻，明确共同的发展方向

比如，我的主要思维模式是人－事－钱的思维模式；但在心理创业中，尤其是经营公司时，我会适时切换到事－人－钱或事－钱－人的思维模式中；而要是在投资理财中，我和明心勇还会再切换到钱－事－人的思维模式中；等等。这是因为，不同的场景和社会角色下，我们要侧重使用不同的思维模式，这样才能完成好当下的社会角色中所要做的工作。

需要提醒的是，在婚姻生活中，3种不同的思维模式会带来3种不同的婚姻走向。相比较来说，人－事－钱或人－钱－事的思维模式下，婚姻建设的稳定度和幸福度会更高。

第一种：人－事－钱或人－钱－事思维模式的婚姻走向

这种思维模式离人的需求和目标最近，可是离钱或事就相对远，所以短期内会出现理想很丰满、现实很骨感的状态，但只要不忘初心，持续实践，长期来看，婚姻生活的质量会越来越高，幸福度也会持续提升。

第二种：事－人－钱或事－钱－人思维模式的婚姻走向

我和明心勇婚前有段时间就是这种模式。这种思维模式，会把事做到极致。短期内，夫妻二人会在人群中脱颖而出，看起来非常的出类拔萃，但这样的状态无法长期维持。因为随着时间的推移，事会越做越多，而人的脑力和体力会有极限，还会随着年龄下降。所以，长期来看，婚姻早晚会陷入工作和生活反向发展的怪圈中。

第三种：钱－事－人或钱－人－事思维模式的婚姻走向

这种思维模式下的婚姻，可能会不缺钱；但由于关注钱多，关注人少，所以，婚姻生活的幸福感不高。我和明心勇辅导过很多这类的婚姻案例。开始很多人认为，只要多挣钱，就能让老婆高兴，让孩子幸福，可事实证明，钱不能解决陪伴的问题。婚姻生活中，如果一直是钱－事－人或钱－人－事的思维模式，而不经过有效调整，那这个婚姻还会有更大的风险产生。

所以，想要和爱人一起，顺利完成并实践你们的婚姻规划，就要在婚姻中养成人－事－钱或人－钱－事的思维模式。

警惕婚姻规划中的错配现象

又有学员问："我和爱人在婚姻建设中，也是人－事－钱的思维模式，可是走了这么多年，我们不仅没有迈向幸福婚姻，反而越走越迷茫，这是什么原因呢？"

这位学员约了明心勇的咨询辅导。在辅导中明心勇发现，虽然这位学员和爱人一起完成了婚姻规划四问，但却出现了婚姻规划中的"错配"现象。

什么是婚姻规划中的"错配"呢？就是在人－事－钱的思维模式下，由于"事"不支持"人"，"钱"不支持"事"，因此产生的一种"人、事、钱"各自为政和位置错配的现象，如图5.8所示。

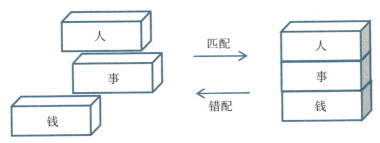

图5.8 婚姻规划中的"错配"和"匹配"

当婚姻规划或实践中出现错配现象时，我们要从源头，也就是从"人"的需求开始逐一梳理。这样，才能最终达到"人、事、钱和生活方式"的有效匹配和系统贯通。

规划你的婚姻，然后不断落地实现

2007年，我和明心勇共同制定了物质与精神平衡发展的人生目标；2016年，我们实现目标，过上了自然自由自在自律的生活。

很多人问我们："你和爱人是如何过上现在这种婚姻生活的？"

我和明心勇答："做婚姻规划，然后持续不断地落地实现。"

如果你也像我们一样，十多年如一日，围绕最初的规划不断实践，那么终有一天，你也会真切地体会到：**你现在的生活是你3年前创造的结果，此时你正在创造自己3年后的生活。**

孟波的辅导已经过去近两年了，在这两年中，每到节日我都会收到他发来的祝福。其中有一次他写道："生活就需要与对的人在一起，围绕一个对的目标持续前行。"

没错，当我们在婚姻中遇到困惑和迷茫时，可能会本能地指向外部或是指责他人，但如果你能够回归自己，去安抚那颗不安定的内心，你就会发现，与幸福相遇，不仅需要看清眼前，还需要预见未来。

约翰·戈特曼说："任何婚姻都有一个重要的目标，即营造一种氛围，鼓励每一个人坦诚地谈论自己的信念。"在婚姻生活中，清晰彼此的梦想，并能相伴前行，可以让两人收获更多快乐和幸福的时光。

所以，"'三观'不清，就去澄清"。当人生发展方向和目标清晰后，你会发现，婚姻中的分歧和冲突会大幅度降低。这不是说分歧和冲突就没有了，而是因为这时候的你非常清楚，幸福婚姻是帮助我们实现人生目标的载体。你会用更多的注意力来关注如何实现自己的人生目标，而不会再让那么多的不满和冲突占据自己的时间。即使还是有，也没关系，让我们一起学习下一章"化解冲突"，将冲突变为夫妻彼此的成长契机。

重点回顾

在婚姻规划中，回答 4 个问题，可以帮你找到婚姻的方向和目标。这 4 个问题就是"此生想成为什么人""要做什么事""挣什么钱、怎么挣、怎么花"和"过上什么样的生活"。

第05章
能力四：规划婚姻，明确共同的发展方向

在幸福婚姻研究中发现，所有的梦想都是美丽的，没有一个梦想生来就对婚姻有害。但如果它们是隐而不知的，或者配偶不尊重它们，这些梦想就会导致问题出现（戈特曼，2014）[202]。想一想，你和爱人在婚姻中彼此尊重和支持对方的梦想吗？

一、你和爱人在日常生活中，经常谈论有关幸福婚姻生活目标的话题吗？当你或他在谈论什么内容时，就会兴高采烈，情不自禁？请记录下这些让你们情绪状态更好的话题内容。从这些记录的话题中，你和爱人又收获了哪些启发呢？

二、你和爱人日常生活中，当一个人谈到什么时，另一人会不感兴趣？你们之间会发现彼此的这些差异，并将这一反应作为一个深入讨论的话题进行交流吗？请记录下1~2次你们开始谈论内容不愉快，后又相互澄清并理解的经历。这样的谈话方式对你和爱人有什么启发？

三、你能回答"人、事、钱和生活方式"这4个问题，清晰地描述出自己想要的幸福生活的目标吗？如果不能，你准备如何做改善，去澄清目标？如果在这个过程中，遇到了困难，你又准备如何解决，并最终制定出自己的人、事、钱和生活方式目标呢？

四、你的爱人能回答"人、事、钱和生活方式"这4个问题，清晰地描述出自己想要的幸福生活的目标吗？如果不

> 能，你准备如何帮助对方做改善，去澄清目标？如果在这个过程中，遇到了困难，你又准备如何助力爱人解决困难，并最终制定出他/她的人、事、钱和生活方式目标呢？

第 06 章

能力五：化解冲突，促进夫妻同频成长

很多人一听到化解冲突，首先想到的就是要学习"沟通技术"，可单纯的沟通，只能让表达更清晰，却没有从根本上解决两个人遇到的实际问题。

生活中,我们经常会遇到各种冲突。虽然很多人已经知道有些冲突会影响我们的心理,甚至是身体健康,但婚姻中的分歧和冲突还是时有发生。

在某研究项目中,配偶们每天晚上记录当天他们发生的所有争论。15天后,当研究人员把他们列出的所有话题按照记录频次进行排序时,结果发现,一对夫妻在婚姻冲突中所涉及的话题和问题(见表6.1),覆盖了生活中的方方面面。

表6.1 婚姻冲突中涉及的话题

话题	问题	冲突比例
孩子	对孩子的照料和训诫	38%
杂务	家务的分配和完成	25%
沟通	关注、倾听及误解	22%
休闲	娱乐的选择及耗时	20%
工作	工作上所花的时间;同事	19%
金钱	账单、购物、支出、工资	19%
习惯	让人恼怒的行为	17%
亲戚	家人、姻亲、孙子、前配偶	11%
承诺	承诺的意义;不贞	9%
亲密	情爱的表露;性行为	8%

续表

话题	问题	冲突比例
朋友	与朋友待在一起的时间及活动	8%
人格	伴侣及自己的特质	7%

资料来源：Papp et al., 2009

注：1. 夫妻间的冲突，很多是由于人格差异所产生的分歧，但人们往往谈论的是引发冲突的表面事件，而很少直接涉及人格特质本身。

2. 因为某次特殊的冲突往往会涉及多个话题，所以频次总和会超过100%。

当你看到表6.1中的这些话题和问题时，有没有感觉很熟悉？事实上，类似的场景每天都在我们身边发生。

雨凝和老公，就是这样一对夫妻。他们俩刚结婚时还挺甜蜜的，后来，随着各种琐事的增多，两个人矛盾也越来越多，从小分歧到大冲突，最终，还是闹得不欢而散。离婚后，雨凝做了近半年的心理辅导，一点点找回自信，慢慢熄灭怨恨的怒火，重新建构自己工作和生活的方式。

辅导后的雨凝状态有了明显改善，但离婚前那段时间里，夫妻间的频繁冲突，曾严重影响过她的身心健康。

"那简直就是一场噩梦，"雨凝说，"我原来一直以为自己身体状况挺好的，可在频繁的争吵和冲突中，我还是出现了很多身体上的问题。后来工作也辞了,躺在家里休息了很长一段时间。"

"我不知道,为什么我会应对不了这些冲突和压力,这也是我来辅导的一个主要原因。"

心理学在亲密关系研究中发现,强烈的情绪使得冲突特别具有侵蚀作用(Smith et al., 2011),随着夫妻双方变得越来越愤怒,他们的心率和血压会增加,会分泌大量的应激激素如肾上腺素,抑制人的免疫功能,更容易感染疾病。不幸婚姻的承受者患病概率大约会增加35%,平均寿命会缩短4年;和他们或那些离婚的人相比,生活在幸福婚姻中的人活得更长久、更健康(戈特曼,2014)[5]。

所以,想要拥有一份幸福婚姻,我们要面对的第五个问题就是"分歧冲突"。而要学习提升的第五种能力,就是化解冲突,也就是降低冲突对夫妻感情的不良影响,并借此契机,加深彼此了解,助力夫妻同频成长和共同前行。

为什么学了沟通技术和情绪管理，还解决不了冲突的问题

为什么有的夫妻会陷入负面情绪的相互作用（Negative Affect reciprocity）[①]，而另一些夫妻却能摆脱这种冲突模式呢？习妍，结婚 4 年了。她在辅导中告诉我，"为了解决这种冲突模式，我学习了非常多的沟通技术，可不知道是什么原因，还是很难应对老公发脾气的样子。我要么是歇斯底里地吼回去，要么就是一个人委屈地哭个不停。"

在长达半个世纪的婚姻关系研究和咨询中，人们常常应用著名心理治疗师卡尔·罗杰斯的人本主义疗法，通过沟通技术和情绪管理，来缓解夫妻在婚姻中的分歧和矛盾。

但随着时间的推移，越来越多的婚姻关系研究发现，以冲突消解法为基础的婚姻疗法成功率并不高，只占 35%，而且一年之后，成功率还会持续下降，甚至只有 18%。

就像约翰·戈特曼说的那样，"成功解决冲突并不能使婚姻幸福"（戈特曼，2014）[12]，而是还要依靠其他东西。单纯的调整情绪和好好说话，并不能解决夫妻二人的需求不同和意见分歧。

如果一对夫妻对幸福婚姻充满期待，并愿意为之付出努力，

[①] 罗兰·米勒在《亲密关系》中将伴侣们来回地向彼此传递不断升级的愤怒，称为负面情感的相互作用。

那他们就可以学习促进冲突中相处的其他模式。因为逃避和接纳冲突，并不能有效化解冲突背后的问题；只有直接面对和尝试解决导致冲突的这些分歧和问题，才有可能帮助夫妻获得有助于婚姻幸福和稳定发展的最佳结果。

结束冲突的 5 种方式，你常用哪一种

冲突会带来什么样的结果，很大程度上取决于这次冲突的结束方式。那日常生活中，一对夫妻发生冲突后，通常会有哪些结束方式呢？心理学家唐纳德·彼得森（Peterson，2002）在冲突一般模型中描述了 5 种冲突结束方式，分别是分离、支配、妥协、整合式统一和结构性改善。这 5 种方式分别对应不同的冲突结果。心理学教授罗兰·米勒在《亲密关系》"冲突的结果"中对这 5 种方式做了如下表述：

第一种方式，分离（Septation）。分离是指伴侣一方或双方在冲突没有解决时就退出的冲突结束方式。分离可以结束愤怒的会晤，从而防止对亲密关系造成不可弥补的损害，并且时间上的分隔能使争斗双方头脑冷静，使双方能更有建设性地思考他们的处境。然而它提不出解决问题的方法，只是延迟了未来的不和。

第二种方式，支配（Domination）。支配是指伴侣一方

得逞，另一方停止反抗的冲突结束方式。支配多发生在一方比另一方更强大的情形下，强势方通常对这样的结果感到满意。但失败者对于支配是非常反感的，心中可能会滋生敌意和憎恨（Zacchilli et al.，2009）。

第三种方式，妥协（Compromise）。妥协是指双方都降低期望以找到双方都接受的替代办法来结束冲突。正如彼得森所指出的（Peterson，2002）[380]，伴侣双方的"利益都减少而非得到满足"；伴侣既没有得到他/她要求的一切，又非两手空空。当一方所得只有在对方蒙受损失的情况下才能实现时，妥协才可能是解决冲突的最好方式，但一般情况下，通常会有更好的解决办法。

第四种方式，整合式统一（Integrative Agreement）。整合式统一是指具有创造性、灵活性地满足双方最初的目标和期望。整合式统一不容易达到，往往需要做出一些努力；伴侣们需要对他们的愿望进行改进并按重要性排序，做出选择性让步，发现不强加于伴侣的、实现目标的新方法。尽管如此，通过决断力、聪明才智、想象力、慷慨的合作，伴侣常能得偿所愿。

第五种方式，结构性改善（Structural Improvement）。结构性改善是指伴侣不仅得到他们想要的，而且从中得到学习和成长，使他们的关系发生可喜的变化。这种冲突结果并不常见，它通常是重大动乱和剧变的结果。伴侣可能遭遇到危险的压力和严重的冲突而不得不重新思考他们的习惯，并鼓足勇气、充满斗志地解决冲突。不过，结构性改善使得伴侣们的情况变得更好。

在大量的心理辅导工作中，我们也发现，一对夫妻在发生分歧和冲突时，不但最常用这 5 种方式来结束冲突，而且，从化解冲突的效果上来看，"结构性改善"好于"整合式统一"，好于"妥协""支配"和"分离"。

人们常说，选择比努力更重要。如果一对夫妻从开始就清晰结束冲突的不同方式所带来的不同结果，并选择化解冲突的正确目标，那么他们前行的每一步都可以收获更好的效果，也会更好地促进幸福婚姻的建设。

所以，想要在婚姻生活中，提升化解冲突的能力，我们首先要做的就是避免使用分离、支配和妥协这 3 种不利于婚姻幸福的冲突结束方式，而要多使用整合式统一和结构性改善的方式，来有效化解冲突，并在冲突中获得成长，提升婚姻幸福度。

5 个步骤，让冲突后的关系更加亲密

如何做才能让夫妻冲突不是在分离、支配和妥协中徘徊，而是通过有效的方式和方法去实现整合式统一，甚至达到结构性改善呢？在幸福婚姻研习班中，我和明心勇分享了夫妻冲突成长五步法模型，如图 6.1 所示。

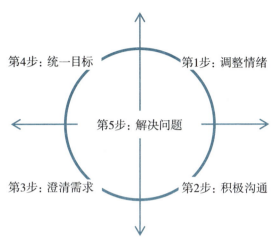

图6.1 夫妻冲突成长五步法模型

正如彼得森所述,在平安度过狂风暴雨般的冲突之后,伴侣比以前更信任对方和他们的亲密关系,因而愿意以更乐观和更有创造力的方式去解决先前逃避的争端。随着这些变化的发生,亲密关系的质量会在冲突即时爆发之后的各种情境下持续得到改善(Peterson,2002)[382],这也就是掌握冲突成长五步法给夫妻相处模式所带来的巨大改变。具体要怎么做呢?接下来,就让我们一起了解这5个步骤。

第一步:调整情绪

情绪,是我们日常生活的一部分。伴随着每天的日升月落,情绪始终与我们在一起。在夫妻冲突中,伴侣最易表现出的就是强烈的情绪起伏。调整情绪不仅能有效缓解冲突对婚姻的破坏性,还有益于彼此的身心健康。

现代医学已经证明，有非常多的身体疾病都与情绪有关。在第一步"调整情绪"中，我和明心勇推荐大家使用"平复情绪三步法"。当我们通过训练，能够时刻觉察、掌握和调整自己的情绪状态时，每个人都能成为自己情绪的主人，而不被情绪左右自己的人生。

一是暗语提醒踩刹车。这是我和明心勇最常用的调整彼此情绪状态的方法。我们会事先约定好提醒对方觉察和调整情绪状态的暗语，这样当两人出现分歧，一方说话的声音越来越大，或说话速度越来越快时，另一方就会用约定好的暗语，来提示对方调整音量和语速。

比如，提醒我的暗语是"小点声，慢慢说"。这个暗语的发明者是我儿子米乐，当时他2岁多，正在看动画片，我在旁边和明心勇讨论事情，一不小心声音有些大，语速也越来越快，这时候，米乐走过来，晃晃我的胳膊，看着我说"妈妈，小点声，慢慢说"。听见他软糯的声音，再看看他笑呵呵的眼神，我一下就清醒了，迅速从刚才的情绪状态中走了出来。

后来，这句话就成了提醒我的暗语。每当明心勇提醒我"老婆，别着急，小点声，慢慢说"时，我的心一下子就会变得很柔软，声音就会更柔和，语速也会慢下来，情绪也自然得到了缓和。

你也可以尝试和爱人约定相互提醒的暗语，来帮助自己觉察和调整情绪。比如我提醒明心勇的暗语就是"老公，请看着我的眼睛讲话"，因为每当他看到我的眼睛时都会笑，也就自然会起到调整情绪状态的作用。

第06章
能力五：化解冲突，促进夫妻同频成长

二是五步之外深呼吸。暗语提醒的方法，一般是用在情绪开始波动，还没有形成冲突的时候，这时候的提醒，就像给情绪踩了个刹车。如果是和爱人的情绪冲突已经产生，又要怎么做呢？这种情况下，最直接有效的方式就是空间隔离。两个人不再主动靠近，而是后退一步，适当地拉开物理距离。比如，我常常会起身倒杯水，而明心勇会到厨房泡杯茶，这就会通过空间隔离的方式，来阻断情绪的继续。

研习班中曾有学员说："和老婆发生冲突时，我也选择过离开，想让两个人都冷静下，可是老婆反而更生气了，这是为什么呢？"这就是前面说的，隔离距离要"适当"。要让对方知道，你只是暂时离开，去调整情绪，并不是要单方面中断两个人的交流。两个人是物理隔离，而不是心理隔离。为避免这种情况，建议预先和对方做好约定，或者是离开时打个招呼，告诉对方"我去那边调整下情绪"，让对方知道你暂时离开的原因，这样就不会因误会而进一步激化情绪了。

值得一提的是，夫妻冲突中主动选择离开的一方，大多是男性。关于这点，在人类学和心理学研究中都有证据表明：从原始人类进化至今，男性的肾上腺素更容易被释放，心血管系统更容易被激活，而且他们遭受压力后恢复起来比女性要慢。同样的冲突下，男性会消耗更多的体力。所以，和女性相比，男性更有可能试图避免冲突。

那进入空间隔离期，个人要做些什么呢？心理学研究发现，当人们情绪紧张时，会出现呼吸急促、大脑空白等应激性躯体反应，想要快速改变这些躯体反应，最有效的方式就是腹式呼吸。吸气5秒，呼气5秒，一吸一呼为1组。通常做5～10组，个人的情绪状态就会得到有效缓解。

三是自我训练常观照。还有学员问："为什么同样是这个方法，你们用起来效果就很好，而我用起来情绪总是'刹不住'呢？"对于这个问题，我的答案是多做情绪管理小练习。情绪管理也像卖油翁倒油，熟能生巧，"唯手熟耳"。

我和明心勇几乎每天都会做自我观照的小训练。无论是坐着还是躺着，是晨起、午休还是晚上睡前，甚至是坐车途中，都可以进行最简单的自我观照练习。伴随着深呼吸，用冥想的方式，从头到脚地放松下来。

当你越来越了解和熟悉自己的身体状态时，你就能更轻松、更快速地觉察和调整自己的情绪状态，因为身体和情绪是密不可分的。当不断地观照和放松自己的身体后，我们不仅能调节每天的心情，还能在情绪波动较大时，快速地转化和平复情绪。

进入微信公众号"米乐圈"，回复"情绪"，就可以获得5分钟的冥想音乐指导语，帮助你进行自我观照训练。每天5分钟的持续训练，相信每个人都能成为自己情绪的主人。

第二步：积极沟通

戴尔·卡耐基说："如果希望成为一个善于谈话的人，那就先做一个愿意倾听的人。"一次积极有效的沟通，不仅能缓和夫妻间的冲突强度，还能让两个人在沟通中发现彼此的需求，达成和谐的统一。

第06章
能力五：化解冲突，促进夫妻同频成长

很多人认为冲突源于分歧，这个观点没错，但分歧并不能直接导致冲突。发生分歧后的无效沟通，才是冲突产生的最根本因素。

在这方面，我很赞同明心勇的观点。他认为，日常沟通交流中，夫妻间抢话说的行为最容易引发冲突和冲突的升级。这就像同一个路口的两辆车，如果只想让自己优先通过，不停地占道和抢道，就必然会造成拥堵或碰撞。而缓解拥堵和碰撞最有效的方式，就是相互协调，依次通行。迁移到夫妻沟通上，在两个人对话时安装一个红绿灯，这也是解决"话赶话"冲突升级的有效方式之一。

在第二步"积极沟通"中，我和明心勇给大家的建议是，可以商定一个夫妻谈话"优先说原则"。比如，我们俩在日常生活中就建立了"老婆优先说原则"。也就是说，当两个人都有话要说，或话题内容产生冲突时，明心勇都会让我先说，他先听；然后，根据我所表达的内容，了解了需求后，他再做相应的反馈。

这里给大家分享一个积极沟通的常用语言，供大家参考练习。在听对方说话时，你可以尝试将回应方式调整为："老婆/老公，你说得对……嗯，理解，还有吗……"。如果对方说完了，你想对听到的内容进行反馈，那就可以说："我这边补充一个视角，供你参考……"

如果一对夫妻沟通时，说的人可以独立思考、自由表达，听的人可以敞开心扉、少评判、多鼓励、多表扬，那这两个人想吵起来都很难。这也是我和明心勇日常生活中最平实的生活

体验。

你也可以和爱人一起,先商定遇到分歧和冲突时的"优先说原则",再根据你们说和听的顺序,共同训练两个人积极沟通的常用语言。

亲密关系研究表明,通过练习这些技能,并保证即便出现困难彼此也要保持礼貌和尊重,你甚至能让陷入绝境的亲密关系起死回生(Stanley et al., 2000)。幸福夫妻比起不幸福的伴侣,能更快地摆脱这些恶性循环(Burman et al., 1993),而摆脱的方式就是从这些点滴细节开始调整,逐步让两个人的互动交流变得更加和谐而温暖。

第三步:澄清需求

夫妻之间为什么会出现埋怨?通常是因为需求没有得到满足。而需求没有得到满足的根本原因,一是夫妻双方对自我需求的表达不清晰,二是表达清晰但对方不关注。

我和明心勇日常交流出现意见分歧时,两个人会认真地坐下来,倾听和了解彼此想要表达的内容背后的需求点,也就是"为什么会有这个想法或看法""两个人的目标分别是什么"。

很多时候,仅仅是"关注伴侣需求"这个行为本身,就能够缓解冲突,让两个意见不同的人之间发生微妙而积极的变化。因为,沟通的目标不是为了证明自己是对的,而是要达成一致。而想要达成一致,首先要能准确而清晰地了解双方各自的视角,以及视角背后的归因和想要达到的目标。幸福夫妻澄清需求见表6.2。

表 6.2　幸福夫妻澄清需求

	自己的	对方的
原因	我的看法/想法是怎么来的……	爱人的看法/想法是怎么来的……
目标	我想要的目标/结果是什么……	爱人想要的目标/结果是什么……

在第三步"澄清需求"中，我和明心勇倡导大家养成有分歧要澄清的习惯，就像表 6.2 中所呈现出的这样，一对夫妻出现分歧或冲突，可能会有两方面的不同：一是原因层面，对事物的看法或意见不同，也就是"我的看法是怎么来的""我为什么会这么想"；二是目标不同，也就是"我想达到的目标是什么""我想要什么样的结果"。

法国哲学家米歇尔·德·蒙田（Michel de Montaigne）说："世上没有两根头发是一样的，没有两颗谷粒是一样的，也没有两种观点是一样的，世界的最大特点就是多样化。"如果一对夫妻能够按照"幸福夫妻澄清需求表"中的方式和内容，来逐步澄清彼此的需求和目标，那他们很快就能更加清晰地了解两个人观点的差别，而这会为夫妻冲突走向整合式统一提供非常大的促进作用。

你也可以和爱人一起，按照"幸福夫妻澄清需求表"，来学习和训练澄清彼此需求的方法。通常我们借助表格训练 3～5 次，就能很快掌握训练背后的思维和行为方式。很多时候，我们容易掉入分离、支配或是妥协的冲突怪圈中走不出来，不是因为走出来的方式或方法很难，而是我们需要养成新的思维和行为模式,这也是第三步"澄清需求"给夫妻化解冲突带来的巨大价值。

幸福婚姻研究中发现,伴侣双方总的归因模式能决定亲密关系的满意程度(Fincham et al., 2000),如果一对夫妻能以正向积极的态度,去关注和了解彼此的不同——那么这些善意的解释就能使双方愉快相处(McNulty, 2010)。

幸福夫妻和不幸夫妻有一个本质的不同,那就是幸福夫妻会在冲突中关注彼此的意见,而不幸夫妻却在冲突中习惯性地猜测对方的想法,并做出自利性的解释。澄清需求,既是化解夫妻冲突的关键,也是两个人从冲突走向成长的过程中最重要的一个步骤。

第四步:统一目标

阿里巴巴创始人马云说过:"不能统一人的思想,但可以统一人的目标。"当两个人的需求澄清后,接下来我们要做的就是整合目标,实现夫妻二人在冲突中的整合式统一。

人性的本质是趋利避害,所以,在此原则下,任何一次冲突,都能够找到整合双方目标的方法。接下来,我和明心勇就分享三个方法,帮大家在统一目标时参考使用。

一是交叉式整合法。这种方法的使用前提是伴侣之间虽然有分歧,但两个人的需求内容中也有交叉。交叉法的本质,就是先求同。也就是说在两个人的需求和目标中,先找到彼此都认可的部分来合并同类项,然后再去协商不同部分。

比如,在回答规划婚姻第二问"此生要做什么事"中,我和明心勇做完心理训练"生命终点反思"后发现，两个人的答案中有相同的部分，也有不一样的内容。这时候，我们就会先将两个人相同的部分进行整合，如图 6.2 所示。

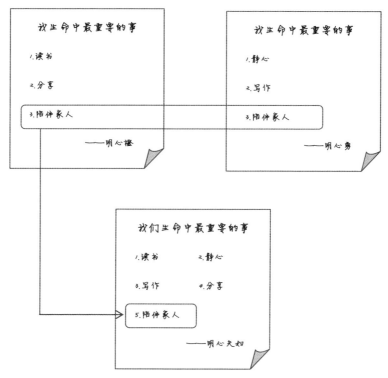

图6.2　明心夫妇在心理训练"生命终点反思"中的交叉式整合

对比发现，"陪伴家人"这一项，既是我生命中最重要的事，也是明心勇生命中最重要的事，那我们就会把它放到"我们生命中最重要的事"中，作为两个人共同的需求和目标。这样，就为之后两个人统一目标奠定了基础。

二是融入式整合法。这种方法，一般适用于高需求包容低需求，或是低需求进入高需求时。

还以规划婚姻为例。在树立家庭财务目标时，明心勇的需求和目标比我的高，所以在家庭财富建设上，我就会把自己的目标融入他的目标中，以他的目标为目标；而在明确生活方式时，我对高品质生活的需求和目标比明心勇更清晰，所以，在家庭生活方式上，他就会把自己的目标融入我的目标中，以我的目标为目标。

三是并行式整合法。也就是说把两种以上同层级的需求并行在一起。这种方式，适合于大多数情况，也是最容易被伴侣忽视而产生冲突的做法。

在前面提到的"生命终点反思"训练中，你会发现，除了一项交叉内容外，我和明心勇还各有两项并不相同的需求和目标：我喜好读书和分享，明心勇喜好静心和写作。我们谁也没有说服对方去放弃，而是尊重了彼此的喜好与擅长，将这些内容一并放入了两个人的共同目标中（图6.2）。在生活实践中，我们会各自偏重做自己喜好的事，而另一方也会给予充分的理解和支持。

需要提醒大家的是，我们要统一的是冲突中事情的目标，而不是原因。因为每个人看待问题的位置和视角不同，原因可以是多样的，但前行的目标和方向却是能够统一的。统一目标，就是统一了两个人前行的方向，就能够帮助一对夫妻形成合力，做到心往一处想、劲往一处使，这样夫妻的亲密度也会更高，婚姻生活也会更幸福。明心夫妇在心理训练"生命终点反思"中的并行式整合，如图6.3所示。

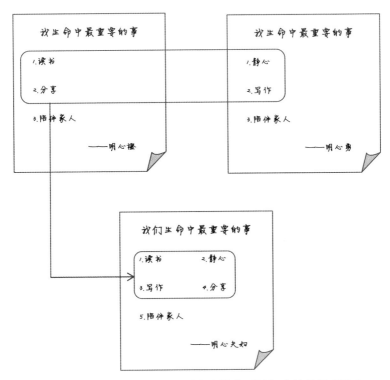

图6.3 明心夫妇在心理训练"生命终点反思"中的并行式整合

你也可以参考以上3个方法，对两个人的分歧做统一目标的训练。习妍训练后对我说："我以前从不关注两个人做事的目标，当我第一次去和老公谈目标时，老公很惊奇，我还有些不习惯。不过慢慢地我发现，只要我们一谈目标，分歧和冲突很快就消除了，这是我这几年婚姻生活中最大的收获。两个人的关系也发生了翻天覆地的变化，以前我想都不敢想。"

你看，幸福夫妻的交流，是有方法的，这需要围绕两个人的共同目标，去规划和选择有效的路径。而在这里，统一目标就是定位导航,可以让婚姻中的分歧变统一,这就是整合式统一给婚姻生活带来的活力和魅力。

第五步:解决问题

幸福婚姻和不幸婚姻,它们的起始点是一样的,只是前行路上幸福婚姻是解决一个又一个问题,而不幸婚姻是制造一个又一个麻烦。所以,提升解决问题的能力,既是化解冲突的关键,也是帮助冲突结果从整合式统一走向结构性改善的关键一环。

在第五步"解决问题"中,我和明心勇常常会使用两种不同的思路,来化解婚姻生活中遇到的矛盾,实现两个人已经统一的目标。

一是内部借鉴法。也就是遇到同类问题,我们会先看看以往自己是如何处理和解决的,解决的效果如何,有没有可以优化和改善的空间。这时候,我们会询问自己,"如果这件事由我来解决,我会如何考虑";也会倾听对方的意见,"如果这件事由你来解决,你会如何处理"。然后,整合两个人的思路,来选择最佳的解决方案。解决问题的内部借鉴法,可以提升解决效率,以极低的时间成本,实现问题的解决,增强两人协作的信心。

二是外部借鉴法。当我和明心勇完成了两人目标的统一,又从自己的原有经验中找不到实现目标的有效路径时,我们首先想到的就是去外面学习。这也是我和明心勇在10多年的婚姻生活中经常使用的一个方法。

明心勇常说:"人生短暂,有了目标,就要学会从当下做起,努力去实现。"在外部借鉴法的使用上,需要提醒大家的是,要向已经真正实现你们所订立目标的人去学习。你可以听他们讲的课，看他们写的书，去研究对方成功实现目标的路径和方法。如果有条件，还可以和他们一对一交流，这样可以极大地提升学习效率，为解决婚姻中的分歧和实现目标奠定坚实的基础。

不是所有夫妻都能在统一目标后，走到"解决问题"这一步的；也不是所有夫妻在面对婚姻生活中的任何问题时，都可以从容应对和完全解决的。我们要通过解决问题，来学习夫妻共同进步、同频成长的方法。如果一对夫妻能在日常分歧和冲突的化解中，最终实现两个人的同频成长，那么即使冲突中的问题依然存在，这对夫妻彼此之间的关系也会更加亲密，两个人对婚姻的满意度也会更高。

3个原则，有效降低冲突的影响

之前有学员问："我和爱人也在学习使用冲突成长五步法，可是有的分歧我们能有效化解，有的化解起来还是会有些磕磕碰碰。这是什么原因，该怎么办呢？"接下来，我和明心勇再给大家分享一个"冲突成长三原则"，帮助你在化解冲突的实践中参考使用。

原则一：直面问题。这是我和明心勇在化解冲突中体会最深的一个感受。问题，就像超市里的自动门，当你站在前面时，它就会应声而开。

在多年的心理辅导工作中，我和明心勇见过太多遇到问题就逃避的个人和夫妻。很多时候，陷入一个又一个婚姻问题中走不出来的关键原因，不是这些问题很大、很难处理，而是我们遇到问题就逃避的思维和行为模式。

所以，想要学习和应用好"冲突成长五步法"，首当其冲的就是要有直面问题的勇气。正如丘吉尔所说："能克服困难的人，可使困难化为良机。"只有用简单而直接的方式直面问题，我们才能找到解决问题的方法，把夫妻间的分歧和冲突变为彼此成长的契机。

原则二：情绪下的话不能当真。这是我和明心勇在化解冲突中又一个有效的经验和体悟。荀子曾说过"怒不过夺，喜不过予"，意思是说不能因为自己生气，就对别人有过分的处罚；也不能因为自己高兴了，就给别人特别的奖励。可在现实生活中，很少有人能真正地做到这一点。

尤其是发生分歧和冲突时，人们的本能反应，就是向最亲最近的人宣泄出更大的怒火和更多的烦恼，有时会言不由衷、词不达意，甚至在情绪上来时，会口不择言。而亲密关系研究中发现，"当你感到愤怒时就表达愤怒，几乎总是让你感到更愤怒"（Tavris，1989）[223]。

所以，我和明心勇约定了化解冲突的第二条原则，就是"情绪下的话不能当真"。哪怕冲突过程中，两个人的言辞再激烈，事后也要知道，是情绪管理出了问题，而不会因此破坏两人的亲密关系。

原则三：同样的冲突避免反复发生。其实，关于这条原则，我和明心勇最早约定的是"同样的问题，不能反复出现3次"。一般情况下，当同样问题出现第二次时，我们俩就会坐下来认真对待和解决这个问题。因为同一个问题反复出现，就说明两个人的相处模式，或者其中一人的思维和行为模式需要改善和升级了。

正如索甲仁波切所说："反省还是可以慢慢带给我们智慧。我们注意到自己一再掉入那不断重复的固定模式里，也开始希望跳出窠臼。"

想要避免同样的冲突反复发生，需要遇到冲突就去尝试化解。刚开始，我和明心勇会在同样问题出现第二次时，就进行处理；后来随着处理成功率和自我觉察力的提升，同样的冲突基本不会出现第二次；而现在，我们俩已经很少会出现冲突了。

生活中有分歧很正常，不必因分歧上升为冲突。当两个人意见不同时，静下心来，澄清彼此的需求，整合并统一目标，去解决问题。这样，同类问题反复发生的次数就会逐渐减少，即使不小心再掉入其中，也能慢慢走出来。

将冲突变为彼此成长的契机

雨凝的辅导是4年前做的，之后她又参加了幸福婚姻研习班。借助学到的工具和方法，再次回顾自己的婚姻过往时，她认识到了原有婚姻中出现问题的原因，看到了自己和前夫在应对冲突时所存在的问题，以及可以努力调整的方向。

她说："这次经历对我来讲，就是一次新生。以前的我，不喜欢冲突，甚至害怕冲突，总觉得冲突会伤感情。现在我知道了，有冲突很正常，重要的是怎么处理冲突。有冲突，说明有问题要解决，把问题解决了，冲突自然就没有了。这个过程中，自己也成长了。而且，这样的成长，很扎实，很受益，也让我对以后的生活有了更多的信心。"

什么是成长？原来不知道的，现在知道了；以前不能应对的，现在能应对了；曾经无法做到的，现在可以做到了。这就是成长。

正如亲密关系研究中发现的那样，冲突能显露潜在的问题和矛盾，这样才有可能寻求解决方法（米勒，2015）[368]。如果伴侣关系健康，问题不严重，那么使亲密关系理想化并减少缺点的浪漫错觉有助于我们保持幸福，但一旦亲密关系出现重大缺陷，浪漫错觉就很危险，会妨碍我们洞察事实真相（McNulty，2010）。

所以，婚姻生活中出现冲突很正常，无法避免，甚至会重复发生，但只要掌握了化解冲突的正确方法，相信每对夫妻都能切身体会到，冲突不是危机，而是促进夫妻彼此成长的契机。最后，送大家一首题为《人生五章》的诗，希望对你化解婚姻中的冲突有所启发：

（一）

我走上街，

第06章
能力五：化解冲突，促进夫妻同频成长

人行道上有一个深洞，

我掉了进去。

我迷失了……我很无助。

这不是我的错，

费了好大的劲才爬出来。

（二）

我走上同一条街，

人行道上有一个深洞。

我假装没看到，

还是掉了进去。

我不能相信我居然会掉在同样的地方。

但这不是我的错，

我还是花了很长时间才爬出来。

（三）

我走上同一条街，

人行道上有一个深洞。

我看到它在那儿，

但还是掉了进去……这是一种习惯。

我的眼睛张开着，

我知道我在哪儿。

这是我的错，

我立即爬了出来。

（四）

我走上同一条街，

人行道上有一个深洞。

我绕道而过。

（五）

我走上另一条街。

这首《人生五章》，让我们看到了惯性思维对人的影响。借助成长的力量，走出自己的思维定式，每对夫妻都可以做到真正的改变和成长，在自己人生的前行道路上，避免重复掉入"人行道上的深洞"，走上通往幸福婚姻的街。

虽然有挑战，但幸福婚姻是一种选择。我们选择了这条路，就会为实现这样的目标去前行。如果这条街道没有到达目标，我们还会走上另一条街道，在灯火阑珊处，和爱人一起走向自己的幸福婚姻。

在化解婚姻冲突的过程中，冲突成长五步法可以让夫妻关系更亲密。具体包括五个步骤，分别是调整情绪、积极沟通、澄清需求、统一目标和解决问题。

第06章
能力五：化解冲突，促进夫妻同频成长

感悟与思考

亲密关系研究发现，激烈的争吵未必会损害亲密关系，尤其在争吵时保持一定程度的同理心和尊重的情况下。冲突只要变得恶毒和刻薄就具有腐蚀性（米勒，2015）[366]。

一、想一想最近一次和爱人的冲突中，你在情绪调整上使用的是什么方法？请把这些方法记录下来，并思考：这种方法，对你的帮助是什么？对对方的帮助是什么？是否还有更有效的方法可以使用？下一次再发生类似情况，哪些原有的方法需要巩固，哪些新方法可以尝试？这给你带来的启发是什么？

二、想一想最近一次和爱人的冲突中，你在促进两人积极有效的沟通方面，都做过哪些尝试？请把这些尝试记录下来，并思考：这种尝试，对你的帮助是什么？对对方的帮助是什么？是否还有更有效的方式可以使用？下一次再发生类似情况，哪些原有的方式需要巩固，哪些新方式可以尝试？这给你带来的启发是什么？

三、想一想最近一次和爱人的冲突中，你在澄清彼此的需求时，都使用过什么方法？请把这些方法记录下来，并思考：这种方法，对澄清你的需求有什么帮助？对澄清对方的需求有什么帮助？是否还有更有效的方法可以使用？下一次再发生类似情况，哪些原有的方法需要巩固，哪些新方法可以尝试？这给你带来的启发是什么？

四、想一想最近一次和爱人的冲突中，你在统一两人做

事的目标上，都做过哪些尝试？请把这些尝试记录下来，并思考：这种尝试，对清晰你的目标有什么帮助？对清晰对方的目标有什么帮助？是否还有更有效的方式可以使用？下一次再发生类似情况，哪些原有的方式需要巩固，哪些新方式可以尝试？这给你带来的启发是什么？

五、想一想最近一次和爱人的冲突中，你在解决问题时，都使用过什么方法？请把这些方法记录下来，并思考：这种方法，对解决问题有什么帮助？是否还有更有效的方法可以使用？这给你带来的启发是什么？

第 07 章

评估婚姻现状，从最需要的开始

  每个人心中都有自己理想的婚姻状态，如何实现，取决于自己的婚姻现状和当下的目标。不管是解决现有问题，还是提升婚姻幸福度，都要从最需要的能力开始逐一学习、持续实践。勤能补拙，在工作中适用，在幸福婚姻的经营中仍然是简单有效的方式。最终，我们不仅能掌握多种方法和五大能力，还能在婚姻中享受到快乐而幸福的时光。

北京通州幸福海岸咖啡馆，黄昏的斜阳透过纱帘照在我和杨阳的身上，系统了解了幸福婚姻的5种能力后，杨阳在笔记本上，密密麻麻地记录了非常多的学习要点和注意事项。

"表达爱意、接纳差异、建立关系、规划婚姻、化解冲突……"

杨阳一字一句地把5种能力都念了一遍，沉静了好一会儿，然后她抬起头来看着我，眼神中带着兴奋的光，还有一丝丝的迷茫，又提出了新的问题：

"这5种能力太重要了，我都需要学习，你说我该从哪一项开始呢？我怎么做，就能掌握这5种能力，让我的婚姻更幸福呢？"

社会学习理论创始人班杜拉（Albert Bandura）在1977年提出了自我效能理论，认为成功经验会增强人的自我效能感。

而清晰自己当下的目标，从最需要的能力开始，可以让人在短时间内就获得相对明显的效果，有利于提升个体的自我效能感。

所以，我给杨阳的回答是："评估你的婚姻现状，从最需要的能力开始。"

第 07 章
评估婚姻现状，从最需要的开始

5 种能力都很重要，从哪一种开始

如何才能知道哪种能力是最需要提升的呢？这取决于你的婚姻现状和当下的目标。按照每个人婚姻现状和实践目标的不同，一般有两种选择实践路径的方式。

1. 以提升婚姻幸福度为目标来选择

第一种，是以提升婚姻幸福度为目标来选择实践路径。思想家车尔尼雪夫斯基说："爱情的意义在于帮助对方提高，同时也提高自己。"幸福婚姻 5 种能力的学习和使用，不仅能让我们自助助人和助人自助，还会带领我们走向幸福婚姻，收获自己的幸福人生。

在幸福婚姻研习班中，我们遇到很多以提升婚姻幸福度为目标，来训练和实践 5 种能力的个人、恋人和夫妻。

就像明心勇所说，"幸福是一个不断幸福的过程"，选择以提升婚姻幸福度为目标的实践路径，不仅能提升你经营婚姻的能力，还能助力你和爱人同频成长，共同前行。

如果你的目标是提升婚姻幸福度，那么我和明心勇的建议是：按照本书对 5 种能力的介绍顺序来学习和实践，从简到繁、由易到难，这样的过程中可以获得更好的体验。

①表达爱意→②接纳差异→③建立关系→④规划婚姻→⑤化解冲突

——本书对5种能力的介绍顺序

数学家华罗庚说过:"要循序渐进!我走过的道路,就是一条循序渐进的道路。"提升婚姻幸福度的道路也是这样,围绕幸福婚姻5种能力,从相对容易的开始,逐步进行,持续实践和提升,你也能收获自己想要的幸福婚姻。

2. 以解决婚姻现有问题为目标来选择

第二种,是以解决当前婚姻中遇到的矛盾和问题来选择实践路径。不是所有的恋人和夫妻,从一开始就会关注到经营幸福婚姻的目标。

事实上,最初找到我和明心勇进行辅导学习的个人、恋人和夫妻,绝大多数都与杨阳一样,是在婚姻经营中遇到了困难和问题,才开始学习新方法、选择新路径的。

所以,如果你也在婚姻中遇到了问题和困难,不必担心,以解决婚姻现有问题为目标的实践路径,可以帮助你排忧解难、转危为安。

大家都知道,管理学中有个木桶定律,讲的是一只水桶能装多少水,取决于它最短的那块木板。婚姻经营中也一样,一个婚姻的稳定度和幸福度取决于表现最差的那项能力。

因为该能力表现越差,说明这方面的问题就相对越多,可能是爱意非常少,也可能是矛盾和冲突非常多,而这会直接影响婚姻的愉悦感和幸福度。

所以，如果你的目标是解决婚姻现有问题，那么我和明心勇的建议是：先了解自己的婚姻现状，知道你在婚姻经营中哪种能力最强，哪种能力最弱，也就自然找到了当下你最需要提升的那项能力。

5个专项问卷，评估你的婚姻现状

如何才能了解自己的婚姻现状，知道5种能力的强弱情况呢？接下来，你可以通过这5个专项问卷，来评估自己的婚姻现状，了解5种能力的掌握情况。

问卷一：表达爱意现状测评

爱意消退，是每对夫妻在婚后都会经历的过程。婚后，随着时间推移，夫妻间原本初恋般的甜蜜会逐渐淡化，只有那些掌握了表达爱意的能力和方法并经常应用的夫妻，才能将浪漫的爱情转化为相濡以沫的爱，让两人的情感在婚姻生活中升华，找到婚姻长久和爱情保鲜的秘诀。表达爱意现状测评见表7.1。

表 7.1　表达爱意现状测评

下面这组问卷会帮助你了解自己在婚姻生活中表达爱意的现状。请认真阅读每一个句子，并在对应的□中打√	
现　状	评　估
01. 我和爱人在一起时，经常能感受到对方表达的爱意	□是　□不是
02. 我会陪爱人去做一些他／她喜欢的事情	□是　□不是
03. 当爱人说话时，我会饶有兴趣地倾听和回应	□是　□不是
04. 我会经常给爱人说一些赞美的语言	□是　□不是
05. 当爱人确定要做某事时，我会给予他／她关注和支持的力量	□是　□不是
06. 我和爱人说话时，经常是面带笑容、语气柔和的	□是　□不是
07. 我经常给爱人说"谢谢你"和"我爱你"	□是　□不是
08. 遇到爱人生日或重要日子，我会准备他／她喜欢的礼物	□是　□不是
09. 我每天给爱人问候"早／晚安"，在出门或回家时打招呼	□是　□不是
10. 我和爱人在一起时，常常会牵手和拥抱	□是　□不是

完成以上 10 道题的测评后，请按照以下情况进行分值统计。

计分：每个"☑是"计1分。我在婚姻中表达爱意的现状得分是：＿＿＿＿＿＿

如果你的测评得分是7分或7分以上：恭喜你！分数在这个区域内，表示你在当前婚姻生活中的爱意表达比较充分。法国诗人彭沙尔说："爱别人，也被别人爱，这就是一切，这就是宇宙的法则。"一对恋人因彼此相爱而成为夫妻，每天表达自己的爱慕之情，可以让你的婚姻生活更美好。

如果你的测评得分是4～6分：这表示你在婚姻中的爱意表达基本合格。夫妻间的爱意表达有一个分水岭，4到6分就在这个区域内。主动表达，更多的爱意互动能让婚姻生活更甜蜜；听之任之，则会让婚姻生活变得平淡和乏味。

如果你的测评得分是3分或3分以下：这种情况下，我和明心勇就要提醒你了，你在婚姻生活中的爱意表达已经表现出了匮乏，如果不加以改善，就会逐渐滑入痛苦婚姻的区域。

问卷二：接纳差异现状测评

性格差异，是每对夫妻都要面对的重要问题。前面我们说过，亲密关系研究已经发现，由于性格差异引发的矛盾冲突——可以解释一对夫妻1/3以上的打斗和争吵（Erbert, 2000）。接纳差异，不仅能促进夫妻间的相互了解，还能让两人成为彼此的助力，而不是阻力。接纳差异现状测评见表7.2。

表 7.2　接纳差异现状测评

现　状	评　估
01. 在日常生活中，对于爱人的言行方式，我都能理解	□是　□不是
02. 两个人一起做事时，我能够尊重爱人的视角和观念	□是　□不是
03. 我经常对爱人的一些能力特点感到由衷的欣赏	□是　□不是
04. 我知道自己和爱人的能力特点不同，不会有过多的比较	□是　□不是
05. 当爱人有一些想法和做法时，我会表示理解并提出自己的建议	□是　□不是
06. 我知道自己和爱人的心理偏好与特点有所不同	□是　□不是
07. 我接受在对待同一问题时，爱人经常会有不同看法	□是　□不是
08. 遇到困难时，我会主动向爱人寻求帮助	□是　□不是
09. 爱人做不好某些事时，我不会嘲笑他/她能力有缺失	□是　□不是
10. 在婚姻生活中，我喜欢和爱人一起优势互补地做事情	□是　□不是

下面这组问卷会帮助你了解自己在婚姻生活中接纳差异的现状。
请认真阅读每一个句子，并在对应的□中打√

完成以上10道题的测评后，请按照以下情况进行分值统计。

第07章
评估婚姻现状，从最需要的开始

计分：每个"☑是"计1分。我在婚姻中接纳差异的现状得分是：_____

如果你的测评得分是7分或7分以上：恭喜你！分数在这个区域内，表示你在婚姻生活中能够轻松地包容与接纳彼此的差异。英国诗人蒲柏说："自然界的所有差异，换来了整个自然界的平静。"如果一对夫妻能准确辨别双方的心理偏好，将两个人的性格差异变为优势互补的助力，那么他们在婚姻生活中的冲突会更少，彼此的满意度也会更高。

如果你的测评得分是4～6分：这表示你在婚姻中的接纳差异基本合格。有些特点能接纳，有些特点还不能接纳；有的时候能接纳，有的时候还不能接纳。其实，接纳爱人的前提，是要先接纳自己。学习和提升接纳差异的能力，有助于你用科学的方法识人识己，促进个人成长和夫妻和谐。

如果你的测评得分是3分或3分以下：这种情况下，我和明心勇就要提醒你了，你在婚姻生活中接纳差异的能力较弱。你可能不太了解自己的心理特点，也不怎么了解爱人的心理特点，不知、不懂、不学，就不会用。希望本次测评能让你警醒，提升自己接纳差异的能力，好好经营原本可以更幸福的婚姻生活。

问卷三：建立关系现状测评

角色错配，会影响夫妻婚姻生活的品质。单一的夫妻关系和角色会让婚姻经营变得迟钝、陈腐和停滞，并引发多种婚姻问题。如果一对夫妻能够游刃有余地匹配正确的关系和角色，那他们的生活会更加和顺而多彩，生活品质也会不断地提高。建立关系现状测评见表7.3。

表 7.3 建立关系现状测评

现　状	评　估
下面这组问卷会帮助你了解自己婚姻生活中建立关系的现状。请认真阅读每一个句子，并在对应的□中打√	
01. 我知道和爱人在一起时的各类关系和角色	□是　□不是
02. 我和爱人有同学角色，我们共同学习和成长	□是　□不是
03. 我和爱人有同事角色，生活中我们分工协作，独立互助	□是　□不是
04. 我和爱人有同伴角色，能够吃在一起、聊在一起、玩在一起	□是　□不是
05. 我和爱人有情侣角色，经常彼此表达爱意，生活很甜蜜	□是　□不是
06. 不同的时间和场合下，我和爱人会处理好不同的心理角色	□是　□不是
07. 发生冲突时，我会先觉察两个人的心理角色是否错位	□是　□不是
08. 生活中，我能做到在和爱人的四种关系和角色中自由切换	□是　□不是
09. 当发现和爱人的关系和角色不平等时，我能及时指出并调整	□是　□不是
10. 我经常能感受到和爱人在一起的生活丰富而精彩	□是　□不是

完成以上10道题的测评后，请按照以下情况进行分值统计。

第 07 章
评估婚姻现状,从最需要的开始

计分:每个"☑是"计1分。我在婚姻中建立关系的现状得分是:_____

如果你的测评得分是 7 分或 7 分以上:恭喜你!分数在这个区域内,表示你在婚姻生活中能轻松处理和爱人的各类关系和角色。马克思说:"交往是人类的必然伴侣。"如果一对夫妻能够通过多种关系和角色进行交往,那么即使只有两个人,他们的婚姻生活也是丰富而精彩的。

如果你的测评得分是 4 ~ 6 分:这表示你在婚姻中建立关系的能力基本合格。可能是两人的关系和角色有缺失,也可能是两人在关系和角色应用中有错配。很多时候,我们只要前进一步,生活就会更美好。学会和爱人一起建立多种关系和角色,会让原本平淡的婚姻生活充满期待和阳光。

如果你的测评得分是 3 分或 3 分以下:在这种情况下,我和明心勇就要提醒你了,你在婚姻生活中建立关系的能力较弱。可能你已经意识到了目前的婚姻生活有些乏味和单调,没关系,认识和接受是改善的开始。只要从现在起,你和爱人能够主动学习与提升,相信你们一定可以建立自己的关系地图,开启多彩的婚姻生活。

问卷四:规划婚姻现状测评

三观不清,会影响夫妻婚姻建设的方向。如果一对夫妻能够清晰两个人共同的方向和目标,那他们就有了前行的导航,可以让婚姻生活积极而稳步地发展。规划婚姻现状测评见表 7.4。

表 7.4 规划婚姻现状测评

下面这组问卷会帮助你了解自己婚姻生活中规划婚姻的现状。请认真阅读每一个句子，并在对应的□中打√	
现　状	评　估
01. 我和爱人建立了共同的人生发展方向和目标	□是　□不是
02. 我和爱人都非常清晰自己事业发展的方向和路径	□是　□不是
03. 我和爱人都非常清晰家庭财富发展的规划和方向	□是　□不是
04. 我和爱人有着共同喜好的生活方式	□是　□不是
05. 当婚姻经营方向迷茫时，我们会回到规划的原点修正前行	□是　□不是
06. 在实现婚姻规划中，我们会选择更有效的路径来实践	□是　□不是
07. 我和爱人在婚姻经营中，既能抬头看路，也能低头迈步	□是　□不是
08. 遇到困难和挫折时，我们会调整方法和节奏，而不是否定目标	□是　□不是
09. 当规划目标实现后，我会和爱人再制定新的目标	□是　□不是
10. 我相信婚姻规划对经营幸福婚姻是非常有效的方式和方法	□是　□不是

完成以上 10 道题的测评后，请按以下情况进行分值统计。

第07章 评估婚姻现状，从最需要的开始

计分：每个"☑是"计1分。我在婚姻中规划婚姻的现状得分是：_____

如果你的测评得分是7分或7分以上：恭喜你！分数在这个区域内，表示你已经和爱人找到了婚姻的方向和目标，并在稳步实践。《礼记·中庸》中说："凡事预则立，不预则废。"如果一对夫妻能通过人、事、钱和生活方式的规划和梳理，清晰两个人婚姻前行的方向和目标，并在日常生活中不断实践，那这样的婚姻生活不仅稳定和谐，还会充满勃勃生机。

如果你的测评得分是4～6分：这表示你规划婚姻的能力基本合格。可能是还没有系统规划，但凭直觉做了一些婚姻方向的预设；也可能是有规划，但还不太全面和系统；又或者是规划做得很好，实践时经常会忘记……总之，从知到行到实现，中间的心路还没有完全打通，甚至有较大的缺失。

如果你的测评得分是3分或3分以下：这种情况下，我和明心勇就要提醒你了，你在婚姻生活中规划婚姻的能力较弱。可能是以前没有意识到这个问题，也可能是还没有掌握规划婚姻的能力，没有关系，如果能够发现欠缺就及时改善，今天清晰一点、明天清晰一点，要不了多长时间，你就可以和爱人一起，明晰两人共同前行的方向和目标，找到属于你们自己幸福婚姻的前行道路。

问卷五：化解冲突现状测评

同样一件事，每个人会有不同的视角和看法，如果沟通不畅，就会引发冲突和矛盾。如果一对夫妻能够在每次发生矛盾

和冲突时，采取正确的方式和方法，那他们不但能解决两个人意见不同的问题，还能够在追求幸福婚姻的道路上同频成长，共同前行。化解冲突现状测评见表7.5。

表7.5 化解冲突现状测评

下面这组问卷会帮助你了解自己婚姻生活中化解冲突的现状。请认真阅读每一个句子，并在对应的□中打√	
现状	评估
01. 和爱人发生冲突时，我能够觉察自己的情绪变化	□是 □不是
02. 发生冲突时，我能率先停止冲突，主动去平复自己的情绪	□是 □不是
03. 我会主动澄清爱人的观点，尽量减少误解	□是 □不是
04. 当我意识到自己的言行不恰当时，会给爱人说"对不起"	□是 □不是
05. 当爱人不认可或不采纳我的意见时，我可以理解	□是 □不是
06. 和爱人出现问题时，无论大小，我都会积极面对，不逃避	□是 □不是
07. 生活中，我不会主动挑起冲突，会尽量解决问题，减少冲突发生	□是 □不是
08. 当爱人情绪不好时，我会先关心爱人情绪，再解决具体问题。	□是 □不是
09. 发生冲突时，我能发现和爱人的需求差异，并统一两个人的目标	□是 □不是
10. 我和爱人能借助冲突，找到问题原因，并彻底解决问题	□是 □不是

第07章
评估婚姻现状，从最需要的开始

完成以上10道题的测评后，请按照以下情况进行分值统计。

计分：每个"☑是"计1分。我在婚姻中化解冲突的现状得分是：_____

如果你的测评得分是7分或7分以上：恭喜你！分数在这个区域内，表示你在婚姻生活中能轻松处理好和爱人的意见分歧，甚至是矛盾冲突。哲学家泰戈尔说："爱是理解的别名。"如果一对夫妻在婚姻生活中，能够经常使用有效的方式和方法，来成功化解两个人的各类矛盾和冲突，那他们收获的就不只是幸福，还有勇气，而这会让两人的婚姻生活持续前行，幸福之路坚实又美丽。

如果你的测评得分是4～6分：这表示你在婚姻中化解冲突的能力基本合格。有的冲突能化解，有的冲突妥协后又重复发生。在化解冲突能力上，仅仅及格是不行的，需要良好、最好是优秀，才能保障一对夫妻走上幸福婚姻的道路。没有冲突时，能避免冲突；有了冲突后，能深入其中又能跳出其外，透过现象去解决冲突背后的问题。化解冲突，是夫妻在婚姻中最好的修行。

如果你的测评得分是3分或是3分以下：这种情况下，我和明心勇就要提醒你了，你在婚姻生活中化解冲突的能力较弱。马太效应告诉我们，"强者愈强、弱者愈弱"。化解冲突能力越强的夫妻，婚姻生活中发生冲突也会越少；而化解冲突能力弱的夫妻，反而经常遇到分歧和冲突。所以，想要麻烦少一点、生活顺一点、夫妻感情好一点，掌握有效化解冲突的能力非常重要，不是掌握一点，而是要掌握全部，轻车熟路地使用好"冲突成长五步法"，才能把冲突变为两人共同成长的契机。

确认你的需求，从最需要的开始

杨阳是 3 年前找我做的交流，从图 7.1 中我们可以看到，杨阳当时各项能力的测评结果分别是：表达爱意 1 分，接纳差异 3 分，建立关系 3 分，婚姻规划 6 分，化解冲突 3 分。

看到这个测评结果，杨阳说，真是"不测不知道，一测吓一跳"。原来她只觉得哪儿不太对，现在终于知道了到底是什么问题，而有些问题已经迫切需要解决了。

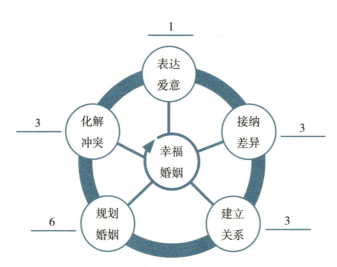

图7.1　杨阳的5种能力测评分值统计

第 07 章
评估婚姻现状，从最需要的开始

知道了自己在婚姻经营中 5 种能力的使用现状后，我们就可以开展针对性的训练和实践，来解决婚姻中遇到的问题和困难。

参考前面的测评结果，按照各能力得分由低到高的排序，杨阳给自己制定了 5 种能力的训练和实践顺序。

①表达爱意→②接纳差异→③建立关系→④化解冲突→⑤规划婚姻

——杨阳的 5 种能力实践顺序

在后续的训练和实践中，杨阳也不断反馈着她的新收获："好像回到了恋爱时的感觉""原来我们俩的差别这么大""我开始由衷地欣赏他""生活变得丰富多彩了""已经很长时间没有吵过架"……

亲密关系研究发现，如果我们要正常生活，保持身心健康，就要在长久而关爱的亲密关系中经常与伴侣愉快地交往（Baumeister et al., 1995）。所以，找到最需要的能力，循序渐进地训练和实践，可以让你的婚姻幸福感持续提升。

当然，同样是这 5 种能力，在不同家庭的不同时期中，也会有不同的实践过程。下面就将你 5 种能力的测试得分，分别填写在图 7.2 中 5 种能力对应的横线上。

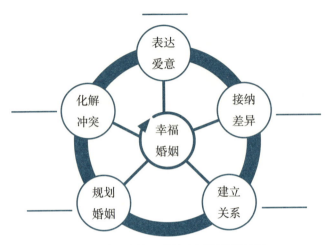

图7.2 幸福婚姻5种能力测评分值统计

当你清晰自己婚姻经营的现状后,也就可以轻松制定出 5 种能力的实践路径。请将你 5 种能力的实践顺序填写在下方横线处:

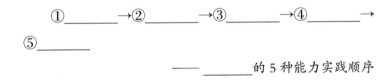

——＿＿＿＿＿的 5 种能力实践顺序

有学员问:"如果我的测评结果中,有两项或多项测评分值相同,我该如何排序呢?"

在幸福婚姻 5 种能力的实践上,各能力的价值和作用不分先后,但如果两项或多项测评分值相同,我们还是建议大家按照先易后难的顺序,去制定自己 5 种能力的实践顺序。

第 07 章
评估婚姻现状，从最需要的开始

从开始学习到拥有能力，你处在哪个阶段

到这里，当年我和杨阳面对面的交流内容就全部结束了。后来，杨阳在 5 种能力的实践过程中，虽然提升很快，但也遇到了不少困难和挑战。而这些困难和挑战，在你以后的训练和实践中，很可能也会遇到类似的情况。所以，我和明心勇把它们总结成了 5 个阶段，方便大家参考使用。

1. 视而不见和听而不闻

第一个阶段是视而不见和听而不闻。这并不是一种贬义描述，也不是特指心不在焉，而是当我们遇到一个不了解的新事物时，会自然呈现的一种状态。

杨阳当年在实践中遇到的第一个挑战，就是视而不见和听而不闻。那天我们交流完，她洋洋洒洒地记录了很多内容，兴奋地回了家。一周后给我发信息，内容是抱怨她老公，说对方这也不是，那也不好。

于是，我问杨阳："上次交流的内容，还记得吗？"

杨阳回答说："什么内容？上次交流的内容好多呀！"

我提醒她："幸福婚姻 5 种能力，从表达爱意开始实践……"

杨阳如梦方醒般地回答："噢，这个啊，我本子上都记着……"

我继续提醒她:"有用的知识,不能只记在本子上,还要记在脑海里,记在心里。"

在幸福婚姻研习班中,我们也经常遇到类似情况,很多学员刚开始学习一项新知识或新技能时,就会出现这种状态。其中一位学员在课后的打卡记录中写道:"我一年前就学习了老师的课程,现在回头看,好像只吸收了一点儿。当时听得也很认真,但很多内容都是听而不闻或视而不见,今天重新看了课程文字稿,才体会到其中的妙处。"

有资料记载,1492 年哥伦布登陆美洲时,当地的印第安人只看见了哥伦布的探险队一行人,却看不见面前巨大的帆船。现代科学对此现象的解释是这些印第安人的眼睛可能"看到"了船队,但大脑却没有意识到。因为印第安人从未见过帆船,没有帆船的概念,受自身经验、知识和记忆的影响,进入眼睛的这部分信息被过滤掉,没有进入他们的意识层面,无法引起大脑反应,因此忽略了帆船的存在。

心理学研究发现,人不可能同时注意所有呈现的刺激,总是有选择地注意某种刺激,而忽视同时呈现的其他多种刺激,这种行为特征被称为选择性注意(Selective Attention),选择性注意也是人类注意特征之一。

那么,我们在学习 5 种能力时,如何突破因不熟悉而出现的选择性注意,也就是"视而不见和听而不闻"的状态呢?一个最直接有效的方式,就是反复学习,不断熟悉。

在这方面,我很欣赏明心勇的坚持和执着,他对自己喜爱的图书,常常会反复阅读。近百万字的一本书,聊起其中某些内容,他也能轻松指出这些语句的语境、出处和所在页数。

西晋史学家陈寿在《三国志·魏志·王肃传》中写道:"人有从学者,遇不肯教,而云:'必当先读百遍',言'读书百遍而义自见'。"如果你对一本书能够沉浸式阅读、精读、反复读,那随着自己的持续成长,相信你对书中内容的理解,也会不断有新的感觉。

2. 知而不行

第二个阶段是知而不行。知而不行是学习和成长中常见的一种过渡状态,也是"读书百遍"后经常会出现的。

杨阳也一样。收到"要把所学内容记在心里,而不只是记在本上"的提醒后,她开始"每天出门时把笔记本放在包里,睡觉时放在枕边,这样可以随时随地想起来就看一看"。

这之后围绕原来辅导的内容,杨阳还问了很多问题,其中有一个问题非常关键。她问:"为什么每次读到关于表达爱意的内容时,我都很感动,很向往那些场景;可过后没多久,就又回到了原来的心情和状态中呢?"

我回答:"这是因为你还处于知而不行的状态。"

心理学在学习教育的研究中,将我们的日常学习分为"间接经验"和"直接经验"两种学习方式。间接经验,是指从别人处或书本里得到知识;而直接经验,指的是通过自己的亲身实践来获得的知识。

正如鲁迅所说:"一碗酸辣汤,耳闻口讲的,总不如亲自呷一口的明白。"所以,当我们在幸福婚姻5种能力的学习实践中,遇到知而不行的状态时,最直接有效的方式就是像"小马过河"一样,在充分获取从别人处或书本上得到的知识后,大胆地向前迈一步,亲身去实践。

只有真正实践了,才能把听到的、看到的这些别人的知识和经验,变成你自己的亲身体验,转化为你的能力,改善你的行为和结果。

在这点上,我非常认同明心勇的观点。他说:"梦想和空想的区别就在于,前者想过后会去实践,而后者想想激动完之后,洗洗就睡了。"

希望你在阅读这本书时,看到适合自己的内容,能敢于在生活中应用和实践。因为,突破知而不行的状态,不仅对经营幸福婚姻有帮助,对于我们的人生成长也有非常大的促进。

3. 行而不达

第三个阶段是行而不达。行而不达,就是做了,但还没有做到位;或是做到位了,但效果还没有及时呈现出来的一种学习和成长状态。

处于这种状态中的人,一般会有些着急。这就像是开车出行,走了很久,但总也没有到达目的地,或是目的地到了,却发现并没有看到自己想要的结果。

杨阳开始实践时,也经历过这个阶段。比如,在爱的眼神训练中,第一天练习当晚,杨阳就给我发信息,说"对一个没有爱意的人使用爱的眼神,比登天还难"。

这是因为,一是杨阳自己爱的眼神训练还没有到位;二是就算她已经能够做到每天眼神柔和、有笑容，但对于老公来说，接收到杨阳的新状态并有所回应，也需要一段时间和过程。

约翰·戈特曼（John Gottman）和罗伯特·利文森（Robert Levenson）的一组研究数据显示，要保持满意的亲密关系，我们或许需要保持至少5∶1的奖赏－代价比率（Gottman et al., 1992）。

需要提醒你的是，想在新能力的提升中突破"行而不达"的状态，我们需要5次、10次、15次……持续不断的反复训练，直到养成新的行为习惯。

神经生物学家布莱克（Black）和格里诺（Greenough）在研究"经验如何作用于人类大脑的突触发展"（Black et al., 1986；Greenough et al., 1992）的过程中发现，当我们真正学会一件事情时，大脑就会建立稳定的神经细胞连接；如果我们对这件事情重复的次数减少，那么先前大量生长的突触链接就会消减，甚至断掉。

所以，想要持续保持婚姻幸福度，我们要做的不只是学习中的训练和实践，还要把这些好的方式和方法，变成自己的日常行为特点，一天用、两天用、天天都用，才能真正做到；也只有这样地不断使用，才能让爱人相信你已经真的改变，而不只是心血来潮的3分钟热度。

4. 达而不知

第四个阶段，是达而不知。达而不知，就是你已经做到了，但是你自己却不知道。可能有朋友会觉得奇怪，怎么还有这种状态呢？还真有，我和明心勇就曾体验过这种状态。

比如说，在婚姻规划的实践中，有段时间，我和明心勇已经实现了原有目标，但我们自己不知道，还想着怎么往前再赶赶路。

再比如，我和明心勇希望自己的婚姻更幸福，总想着向国内外的婚姻专家多学习一些，学着学着才发现，他们的很多研究和指导，我们已经做到了，甚至还有新突破，但之前我们并不知道。

有人说，在学习和成长中，达而不知是一种很高的境界，自己不知道，却已经做到了；而在我和明心勇看来，达而不知，本质上还是一种不自知的状态。

所以，在达而不知状态中，人们还是会本能地向外寻参照，找标杆，或是求得外部权威的认可。

杨阳在学习训练中，对于自己没把握的内容，也常常找我互动，寻求内心的确定感。这种情况下，我通常会帮她做自我评估，来确定各种能力的掌握程度。

大家在幸福婚姻5种能力的学习实践中，如果发现对某项能力训练很受用，使用得也很好，就是自己内心还不太确定，那么最简单的方式，就是重新做一做本章的5个专项问卷。

关于这个阶段，明心勇总结了心得，那就是：在处于"达而不知"状态时，我们要继续学习和提升，而这时的学习提升，不仅可以向外寻求确认，还可以向内总结和提炼。

如果你能够像我和明心勇这样，将自己的实践成果，总结并提炼成可以让更多人使用的工具和方法，那么你不仅可以指导自己的应用实践，还能从容地帮助他人，并且顺利突破"达而不知"的状态，迈向知行合一的成长新阶段。

5. 知行合一

第五个阶段是知行合一，这是学习和成长的最高阶段，理论和实践形成一个整体。既不用"知"来代替"行"，也不用"行"来替代"知"。

知行合一，本质上是一种即知即觉、即学即行的良性循环状态。这种状态下的人，学习和实践能力都很强。

不是所有时间，我们都能达到知行合一；也不是所有知识，我们都能做到即知即行。能够把自己想做的那部分能力达到知行合一的状态，就已经非常好了。

就像杨阳，在表达爱意的学习和实践中，她发现，对于表达爱的 21 种方法，自己做到其中六七种，婚姻幸福度已经很高了。

在幸福婚姻 5 种能力的学习中，你也可以找到自己最需要提升的能力，运用书中提到的工具和方法逐步训练，不需要每项都做到满分，有的达到 70～80 分，婚姻幸福度就已经很高了。

还有学员问：如果达到了知行合一，那还有什么要注意的吗？

对于这方面，我和明心勇的体会是，即使到了知行合一的状态，每项能力的实践也可以分为 4 个层面。

第一个层面是谨言慎行。一项能力刚达到知行合一状态时，虽然感觉很好，但行事还比较谨慎，会注意把握分寸，避免回到原有行为模式。就像敦珠仁波切说的那样："要像一个头颅破裂的人，随时随地小心翼翼，唯恐别人碰到他。"

第二个层面是按部就班。这个阶段的实践已经比较熟练、顺畅，甚至有些习以为常。在这种状况下，有的人会心不在焉；有的人会按捺不住，想做新尝试。但就像明心勇所说，"人们喜欢挑战难的事，而世界上最难的事，是把简单的事重复去做，并做到最好"，这个阶段最需要的就是按照验证过的有效方式，重复把事情做到位。

第三个层面，是自然自由自在自律。到了这个层面，人们已经开始享受当下这种状态，有坚持，有随性，有微调，也有遵守。虽然，这已经是一种非常好的状态，但我们仍需要经常自省和自察，来约束自己的言行，做好注意力管理。

第四个层面，是"随心所欲而不逾矩"。这是孔子说过的话，也是知行合一的最高境界。这个层面，也是我和明心勇正在努力的方向。就目前来看，如果没有"自律"的约束，对于日常生活中的小节，我们还无法做到"随心所欲而不逾矩"。

交替使用5种能力，谱写幸福的乐章

关于杨阳学习和实践幸福婚姻5种能力的情况，本书就介绍到这里。有学员问："杨阳掌握了5种能力后，现在又在做什么呢？"

第07章
评估婚姻现状，从最需要的开始

我给大家的回答是："在家弹钢琴呢，弹幸福婚姻 5 种能力的钢琴。"

为什么这么说呢？让我们一起来拆解下幸福婚姻 5 种能力所包括的关键点：

（1）表达爱意，包括破解密码的 6 个维度、表达爱的 21 种方法和提升爱的 6 个能量团。

（2）接纳差异，包括心理类型的 4 个维度、8 个偏好和 8 条沟通的注意事项。

（3）建立关系，包括 4 个关系、3 个步骤和七字真言。

（4）规划婚姻，包括 4 个问题、3 种思维模式和 3 种不同的婚姻走向。

（5）化解冲突，包括 5 个步骤、10 种训练方法和 3 个原则。

通常情况下，我们弹的钢琴有 88 个键，包括 52 个白键和 36 个黑键，而在幸福婚姻 5 种能力的学习和实践中，至少有以上 95 个关键点。

所以，在掌握了幸福婚姻 5 种能力，并能在生活中持续应用后，我们还要根据不同阶段、不同场景的需求，灵活调用这些能力，学会弹好幸福婚姻生活的钢琴。

有人说："如果人生像一曲美妙的乐章，乐章里的每个音符就叫作成长。"幸福婚姻就是人生乐章中最美妙的一段，在这段乐章中，我们不但能学会成长，还能在弹奏中享受到快乐和幸福。

幸福不是额外的东西，是我们内心积极乐观情绪的自然流露。当我们弹起幸福的琴键时，每个人都是生活艺术家，都能够谱写自己的幸福乐章，并把这种幸福的感觉，延续到一天，延续到一年，延续到一生，这就是幸福的人生。

在幸福婚姻5种能力的实践过程中，一般会经历5个阶段，分别是"视而不见或听而不闻""知而不行""行而不达""达而不知"和"知行合一"。

歌德说："一个人怎样才能认识自己呢？绝不是通过思考，而是通过实践。"在幸福婚姻5种能力的学习和使用中，我们也需要不断实践，才能将学到的知识转化为自己解决问题的能力。

请思考以下5个问题：

一、你实践幸福婚姻5种能力的目标是什么？准备选择哪种实践路径？这个选择和爱人协商过吗？爱人对你选择的实践目标和路径是如何看待的呢？

二、如果你的实践以提升婚姻幸福度为目标，那么你清晰自己各能力的实践顺序吗？准备从哪种能力开始实践呢？这个选择和爱人协商过吗？爱人对你选择的实践顺序是如何看待的呢？

三、如果你的实践以解决婚姻现有问题为目标，那么你清晰自己在5个专项问卷中的测评结果吗？准备从哪种能力开始实践呢？这个选择和爱人协商过吗？爱人对你选择的实践顺序是如何看待的呢？

四、对照能力实践过程中的5个阶段，你知道自己在哪个阶段吗？接下来你想到达哪个阶段？你准备如何到达这个阶段？你需要得到爱人的哪些帮助？爱人知道你学习成长的目标吗？

五、在5种能力的学习和实践中，你有什么新的收获和启发吗？你准备如何在婚姻生活中持续应用这5种能力呢？对于你的这些收获和想法，爱人是如何看待的呢？

第 08 章

为自己的选择承担，持续前行

在婚姻经营中，幸福才是我们的终极目标。当遇到困难和挫折难以突破或准备放弃时，请回到最初的目标，重新审视自己的人生。通常情况下，导致婚姻无法幸福的原因，不只是努力不够或能力不行，还有在前行的道路上，常常被琐事牵绊或诱惑纷扰，忘记了自己的目标。

《乌托邦》作者托马斯·莫尔说:"人生中最艰难的是选择。"经过了这么多年的个人成长和婚姻生活,我和明心勇都认为:和对方一起,并肩前行,共同经营幸福婚姻,是我们此生最好的选择。

在幸福婚姻研习班中,有不少学员提出过自己在 5 种能力提升中所遇到的问题和挑战。其中最容易影响我们的是下面这 4 类问题:

第一类问题是,当我在学习 5 种能力时,遇到困难想放弃,该怎么办?

第二类问题是,婚姻是两个人的事,我这边积极努力做改变,但爱人那边不配合,我该怎么办?

第三类问题是,我也认为幸福婚姻的能力特别重要,也希望自己的婚姻可以幸福,可之前婚姻中已经发生了太多的矛盾和冲突,我要如何处理?还有必要去学习和提升经营幸福婚姻的 5 种能力吗?

第四类问题是,我离婚了,也不知道什么时候能开始新的婚姻,我还有必要学习幸福婚姻的 5 种能力吗?

不知道你有没有出现过类似的困惑呢?接下来,我们就围绕这 4 类问题来分享我和明心勇的视角,供大家参考。

第 08 章
为自己的选择承担，持续前行

过程中遇到困难想放弃，该怎么办

第一个问题是：当我在学习 5 种能力时，遇到困难想放弃，该怎么办？出现这种想法，我特别能够理解。最早，我和明心勇在提升化解冲突的能力时，就遇到过相似的情况，我们也曾想过要放弃。

当年，我们甚至还做过一道选择题，就是"要么选择换人，要么选择换方法"，最后两人不约而同，选择了"换方法而不是换人"。

因为我们自己是学心理学的，我们非常清晰，如果能力和方法没有提升，问题和困难没有解决，那我们无论和谁在一起，都会再次被这个问题困住，就像第六章最后那首诗《人生五章》中所描述的，走入同一条街道，掉入同一个深洞。

所以，想要收获幸福婚姻，我们唯一的出路，就是打消放弃的念头，开始全新的尝试。

伏契克说："生活里是没有旁观者的，我爱生活，并且为它而战斗。"当选择"面对"而不是再"逃避"后，就完成了解决问题最重要的一步，这时候，我们发现，解决问题的路径和方法有很多，只要选取适合自己的就好了。

我和明心勇都不是社会评价中智商和情商双高、非常聪明的那类人，所以我们使用的也是最简单、最朴素的方法，一步一步来，边实践边总结，没有任何捷径可循。

比如，在提升化解冲突的能力时，我们就分成了5个步骤进行实践和总结。第一步，在情绪的觉察、调整和管理方面，我们基本上每天都在训练。即便这样，还是发现有很大的提升空间。"平复情绪三步法"，就是在持续不断的训练、觉察和总结中得出来的，看起来很普通，却实用有效。

找到适合的情绪管理方法后，我们又进行了第二步，也就是有关沟通交流的觉察、训练和实践。

还是边实践边优化。我们很仔细地观察、拆解了那些沟通效果比较好的案例，包括我们自己在以往沟通中感觉舒服和不舒服的情境都做了复盘，最后总结出了夫妻交流时"一人说，一人听；说者有停顿，听者有回应"的积极沟通模式。"优先说"原则，就是在这时订立的。

仅仅是做好了以上这两步训练，当年的我们就发现，日常冲突减少了很多，亲密度也有所增加。不过，我们也很清楚，态度好并不代表问题就解决了，所以就有了第三步"澄清需求"的提升训练。

在澄清需求的训练内容上，我们查找了很多心理学方面的理论和研究来做参考。比如马斯洛的需求理论、荣格的心理类型理论，以及基于心理类型理论的心理功能发展理论等重要论述和相关研究成果。

后来我们发现，这些研究成果，在澄清大方向的需求上很好用，但在澄清夫妻俩日常生活细节中的需求上，虽有一定指导价值，却有些大炮打蚊子——大材小用了，所以又聚焦到具体需求的澄清上。

经过反复分析和验证后,我们发现,个人沟通时的动机点基本有两类:一是"我为什么这么想",也就是产生看法或想法的原因;二是"我想要什么",也就是想要的目标或结果。其中原因是需求的诱发点,目标和结果是夫妻俩沟通的方向。于是,就制作了"夫妻澄清需求表"。

在完成第三步"澄清需求"后,两个人的需求就都清晰了,而紧接着遇到的问题就是如何统一两个人的需求和分歧。于是,我们又开始第四步的实践和研究,通过两两合并、两两兼容和求同存异等多种方式,来实现第四步"统一目标"。

大家在学习中可能已经发现,五种能力中的任何一种能力,都能够帮助两人从最初各自的需求和分歧,转化为最终的求同存异、融合和统一。这同时也是"化解冲突"中最为关键的一步:从妥协或退让进入整合式统一。

最后,就是第五步"解决问题"。因为目标统一了,解决问题就容易很多。只要不故步自封,尝试向内或向外寻找,很快就能找到很多解决这类问题的路径和方法,再优选适合自己的路径和方法进行实践,这样就完成了一次婚姻中化解冲突的全过程。

所以你看,在遇到困难想放弃时,我和明心勇的做法是,首先回到两人的目标,也就是我们要不要实现幸福的婚姻,如果要,那就面对而不是逃避。

目标确定了,第二步就是围绕这个目标,是什么问题就解决什么问题,遇到什么问题就化解什么问题。一步不行,就两步；两步不行，就三步、四步、五步，直到把问题解决。事实上，只要两人真的想解决问题，办法总比困难多。

朗达·拜恩在她的著作《秘密》中写道："如果你得不到你想要的，那是因为你并不是真的想要它。"这里，我和明心勇也告诉你："如果你真的想要它，哪怕是经历了艰难险阻，你终究会得到它。"

自己想变，爱人不配合，该怎么办

接下来我们一起看第二个问题。第二个问题是：婚姻是两个人的事，我这边积极努力做改变，但爱人那边不配合，我要怎么做？

这类问题，我和明心勇在婚姻辅导中也会经常遇到。下面我们一起来了解两个咨询案例，希望对有类似困惑的朋友能有帮助和启发。

1. 老公不变，老婆怎么办

第一个案例，说的是老公不变，老婆如何通过自己的率先改变，带动老公开始学习和提升。

颖菲结婚 14 年了，据她描述，自己从婚姻中已经找不到当年恋爱时的任何感觉。

她说："全家四口人，我、老公、婆婆和女儿。我们在一起，每天谈论的话题,除了吃什么,就是女儿的学习。"

说到这里,她语音低低的,神情也显得很低落。

我问她:"那除了谈论女儿的学习之外,你还希望和老公有些什么样的话题和交流呢?"

"嗯……"她想了一下,然后摇摇头说,"其实,我也不是太清楚。"

"那你还记得和老公恋爱时,每天都会说些什么,做些什么吗?"我继续问她。

"恋爱的时候啊……"她想了想说,"那个时候,我们俩工作比现在还忙,生活条件也没有现在好……不过两个人每天都过得很开心……每天下班后,我们都会一起吃晚饭;吃完饭,两个人就手牵着手,一起去散步,路上再聊一聊当天遇到的有意思的事……有时候还会一起去看看电影。"

说这些的时候,她的嘴角慢慢开始上扬,眼睛里也闪烁出点点光芒,就像个恋爱中的小女孩。好像是意识到了什么,她有些不好意思地笑了,然后又略带遗憾地摇了摇头说:"这都有10年了吧,好像自从有了孩子之后,就再也没有过这样的生活。"

接下来的时间,我帮颖菲梳理了她和爱人在日常生活中的关系和角色。梳理完后,我对她说:"你看,自从有了孩子,你和爱人大多数时间都在保持着同事关系,共同经营着家庭、养育着孩子,但却忽略了两个人之间最基础、也是最亲密的恋人关系。"

"所以,今天辅导后,你要做的第一件事,就是回归恋人角色，重新开启你们俩的恋爱时光。"

辅导结束时，我问他们夫妻俩平时牵手和拥抱多不多。

她告诉我，"很少，几乎就没有。"

于是，我给颖菲布置的家庭作业就是，当晚回到家，先从和爱人牵手开始训练。

她有些激动地说："啊?！这太难了。如果我去牵手时，他不愿意，那怎么办？"

我告诉她："那就多尝试几次。比如今晚，就可以尝试10次，总有一次会成功的。"

颖菲的牵手到底成功了吗？我们一起来看看，她第二天发我的部分反馈信息：

昨天，我是踏着阳光走出的辅导室。晚上回到家时，老公正靠在沙发上看手机，我就说"别看了，我有话要对你说"，老公"嗯"了一声，头都没有抬。

如果是以前，我真想上去把他的手机夺过来，扔到一边去。可是今天不同，我想要的是恋爱时的感觉。于是，我耐着性子，继续温柔地说："老公，你时间上方便吗？我有一些话，想要对你说。"

老公放下手机，抬起头惊奇地看着我……结果就在当晚，我们牵手成功。

真的很神奇！当我开始和爱人转变角色时，我发现自己说话的方式，还有内心的感觉，都变了。

老公还摸摸我的头说："你这是怎么了？难道是被人洗脑

了吗?"

我反问他:"是被洗脑了。这样的我,你不喜欢吗?"

他笑着回答我说:"嗯,别说,还挺好。"

所以你看,只要学习和使用的方法得当,我们一方开始做改善,就有可能会带动另一方也逐步发生改变。

2. 老婆不变,老公怎么办

前面这个案例说的是老公还没变时,老婆如何先改变,而后带动老公也改变;那接下来我们再了解一个案例,看看老婆还没有改变的情况下,老公是如何率先改变,并带动老婆开始改变的。这样的案例在研习班和以往的辅导中,也比较常见。

伟光,结婚5年。他先听了明心勇的《职场必杀技》系列课程,而后找明心勇做了职业规划的辅导,自己改变后,又带爱人一起参加了幸福婚姻研习班,开始学习和提升两人经营婚姻的能力。

在职业规划辅导中,伟光提出的问题是:"如何才能像你们一样,每天去做自己擅长和喜爱的事呢?"

明心勇回答他:"每天去做自己擅长和喜爱的事,需要分两步:第一步,先去做自己擅长的事,来满足自己和家庭日常生活的基本需要;第二步,再去做自己喜爱的事,满足自己精神成长的需求。"

"当然,如果自己能把喜爱的事做到擅长,并与社会价值做统一,既能满足现在生活的需要,又能满足精神成长的需求,那这就是一个完美的结合，是一件快乐而幸福的事。"

"可是，如果这个目标，现在还无法达到，那就先从擅长的事做起，先满足生活所需，然后，再去追求生活品质的提升。"

后来他是如何做的，又发生了哪些变化呢？我们先来看看他爱人的反馈信息：

伟光是个非常倔强的人。这些年，他为了能做自己喜欢的事，家里的什么事都不管不顾，包括生活上的支出，也主要在靠我挣钱来维持。因为这，我们俩结婚这么多年，都不敢要孩子。

没想到，这次辅导后，他的变化这么大，远远超出了我的预期。他开始放下身段找工作了，还说要感谢我这些年的陪伴和支持，他要努力让我过上好生活。

现在，他在一家企业工作，业余时间还会做自己喜欢的事。不过，我能感觉到，他已经不是原来那个永远长不大、只知道贪玩的他了，他开始在为这个家做承担了，这让我感到安心又感动！

伟光的变化，很快就产生了联动效应。先是夫妻俩原本一直僵持的关系开始改善，接着他爱人也来学习了幸福婚姻的5种能力，两个人的互动进入了正向循环。

在学习反馈中，他爱人这样写道："幸福婚姻需要夫妻二人共同经营，缺一不可。感谢这次机遇，开启了我们俩追寻幸福生活的旅程。"

所以，看完这两个案例，再回到"自己想变，爱人不配合"

这个问题，我和明心勇的建议是：想要对方改变，先要自己改变。夫妻间的互动模式，就像一面镜子。当镜子外面的人开始改变时，可能镜子里的人改变速度会有延迟，但只要你把改变的重心放在自己身上，给对方充足的时间和空间，那么或早或晚，对方都会改变。这一点，屡试不爽，毋庸置疑。

婚姻中积累了太多问题，如何处理

好的，刚才我们解答了第二个问题，那接下来，我们再来看一看第三个问题。

第三个问题是：我也认为幸福婚姻的能力特别重要，也希望自己的婚姻可以幸福，可之前婚姻中已经发生了太多的矛盾和冲突，我要如何处理？还有必要去学习和提升经营幸福婚姻的5种能力吗？

关于这个问题，我和明心勇的建议是：如果你和爱人的婚姻很幸福，那么学习的必要性可能会小一些；如果你和爱人在婚姻中积累了许多矛盾和冲突，那说明你们之前的相处模式存在一些问题，就更有必要学习幸福婚姻的5种能力了。

接下来，我们通过以下3个案例来做具体了解，希望对有类似困惑的朋友能有启发。

1. 婚姻出现问题，如何改善关系

第一个案例说的是，婚姻中出现问题时，夫妻俩是如何通过改变相处模式，来改善两人关系的。

王欣，结婚12年。在辅导中，她提出了一个困惑自己很多年的问题。那就是夫妻俩平时关系还好，可每当她情绪不好，需要爱人的关心和照顾时，对方不但不会关心和照顾她，反而表现得比她情绪还要糟糕。

她说："就因为这件事，我和他吵过也不知道有多少次了。可直到上周，同样的问题还在发生。"

"当你情绪不好，需要老公关心时，你通常都会怎么表达呢？"我问王欣。

"嗯……"她想了一下说，"因为当时情绪不好嘛，所以，那种时候，我就会抱怨他，也会数落他以前很多做得不好的地方……我的意思是，你这次可以表现得好一些，这样，我就没有那么生气了。"

"那你老公听到这些话，一般是什么反应呢？"我接着问她。

"他开始还会听一听，不过听着听着就不耐烦了……然后就开始反击我，说我这做得不对、那做得也不好……甚至后来，还会说很难听的话……我气不过，就会和他吵起来……唉，这么多年了，都是这样……他一点也不会关心人。"王欣叹了口气，沮丧地说。

"那你真正想表达的需求是什么呢？是情绪不太好，想让老公关心、安慰你，对吗？如果是这样，为什么不直接告诉他——

老公,今天我的情绪不太好,你能抱抱我吗?"我继续问她。

王欣愣了一下,然后说:"噢……这是我想要表达的需求……可让我这么直接说,我说不出来……嗯,我以前从来没有这样说过……"

"是的,你以前心里这样想,可是嘴上不说,甚至说出来的都是抱怨和指责的话。"我告诉王欣,"那你老公接收到的,就只是你的抱怨和指责,只知道在你眼里,他又没做好,又是一身的'不是',却压根不知道,你想要他做什么,不知道自己做点什么就能让你感觉好些。这个时候,你急,他也急;他急,你更急。再加上负面情绪的传递,两个人话赶话,就引发了冲突和争吵。"

"如果你想要他关心你,就直接说出来,而且要说得具体,越具体越直接,他接收的也就越清晰,行动也就越迅速。"

后面的辅导中,我们又交流了她为什么无法表达内心需求的问题,然后就结束了这次辅导。3个月后,在回访中,王欣告诉我:"效果特别好,简直是立竿见影。现在我知道了,不是他不关心我、不爱我,而是他以前也不知道,怎样才能很好地回应我。"

所以你看,很多时候,对于夫妻之间的互动,简单调整一下相处模式,就能解决两个人10多年的争吵。

我和明心勇常说,"冲突是成长的契机"。如果你和爱人能抓住冲突的时机,并按照"冲突成长五步法"去化解冲突,那么你们也能在冲突化解中共同成长,并建立新的互动模式。

2. 婚姻出现危机，如何有效挽救

刚才的案例，说的是婚姻中出现问题时，夫妻俩是如何通过改变相处模式，来改善两人关系的，接下来的这个案例中，夫妻俩问题和矛盾升级，出现了婚姻危机，我们来看一看，这位朋友是如何挽救离婚边缘的婚姻，并成功转向，开始经营幸福婚姻的。

楚峰，结婚6年。他在学习幸福婚姻5种能力前，是先找明心勇做的人生规划辅导咨询。

在辅导中，他说："我感觉自己的人生陷入了一个迷茫期。我父亲有一个很大的公司，希望我能接班管理，可我很难从管理公司中找到自己喜欢的地方。所以，我一直感到很迷茫。"

"另一方面，就是我的婚姻家庭，也走到了一个迷茫期。"他接着说，"我和爱人是大学同学，现在孩子4岁多。结婚后这些年，一直是我在外面忙工作、爱人在家带孩子，感觉两个人已经慢慢地不在一个世界了。另外就是，去年我认识了一位新加坡富商的女儿，感觉两人很投缘，对方做事很有魄力，人也有活力，让我很着迷。"

于是，明心勇就问他："那你现在内心的真实想法是什么呢？不妨先说出来。"

他回答说："我感觉，现在事业上的事，还可以缓一缓，没有方向可以慢慢找，问题并不大；可婚姻上的事，让我很困惑，也很迷茫。一方面，我不想婚内出轨，这不符合我做人做事的原则；另一方面，我也确实在现有婚姻中，找不到前行的方向。

所以，我现在很纠结。"

明心勇采取的方法，是帮助楚峰做了一个人生发展方向的规划。在规划中，他发现，自己的心理类型是 INFJ 博爱型，而他未来的梦想，也是想通过教育的方式，帮助到更多人。

之后，明心勇引导楚峰将自己的人生规划和现在的事业、家庭做结合。这个过程中，他有了三个新发现：

第一，找到了事业上感到困惑和迷茫的原因。因为父亲的公司是生产制造领域，而他未来的方向，是想从事教育培训类工作。

第二，如果他的梦想，是想通过教育来帮助到更多人，那当下要解决的问题，就是通过学习和提升，先来帮助自己和家人过上幸福的生活。未来，再去帮助更多人过上幸福的生活。

第三，也是这次辅导中非常重要的一个发现。梳理完自己的人生规划后，他突然发现，其实自己与那个美丽又有魅力的新加坡女孩，在未来的发展方向上并不相同。对方的想法很明确，先在国内做投资，以后回到新加坡接手家族企业。

后来，楚峰对明心勇说："感谢老师把我带出迷茫区，不然自己可能真的会做傻事。现在走出来后，回头想想，其实自己的婚姻家庭很幸福，孩子也很可爱。而这些只有在新的思维模式下，才能顺利地走出来。"

所以你看，当婚姻中出现大的方向性问题时，不妨先给自己做做人生规划和婚姻规划。很可能你会发现，其实你和爱人的大方向是相同的，只要两个人选择好路径，调整好节奏，幸福的婚姻生活就在眼前。

3. 婚姻存在问题，如何重新选择

好的，刚才的案例，说的是婚姻出现危机时，如何通过幸福婚姻的5种能力之一——婚姻规划的辅导和学习，来成功挽回婚姻的。那接下来，我们再来看第三个案例，同样是婚姻中长年积压了很多问题，不同的是，这位朋友经过学习和慎重考虑后，主动选择了离婚，重新开始。

伊伊，结婚7年。她在研习班中，是这样描述自己婚姻的：

> 我和爱人结婚已经7年多了，可是，我们真正在一起的时间，可能不到3年。
>
> 我老公，就像一个长不大的孩子。刚结婚那会儿，我和他一起住在他爸妈家。我每天工作赚钱，他开了个游戏厅，收入也还可以，但挣的没有花的多。
>
> 他父母特别宠他，都30多岁的人了，还经常给他零花钱。他在家里什么都不干，衣来伸手、饭来张口。可到了外面，他又特别好面子，整天开着父母给他买的奔驰，一身的名牌，出手豪爽。不了解的人，会以为他是个成功人士。其实，他什么都不是。
>
> 前几年，我还会管管。他父母也说，只有我能管，他们管不了，也不想管。
>
> 刚开始我说他还听，后来说多了，他就跟我吵。那3年，我们几乎是三天一大吵，两天一小吵。时间长了，他父母也受不了了。于是他就整天不回家，说什么也没有用。

第 08 章
为自己的选择承担，持续前行

我是抱着最后一丝希望，来学习经营婚姻方法的。我想，怎么也要最后努力一把。这样的话，不说是为了对得起他，因为我觉得自己已经非常能忍了；关键是，我要对得起自己这么多年的坚忍和投入的感情。

在学习幸福婚姻 5 种能力的过程中，伊伊说得最多的就是："原来大家的婚姻都是这么过的？！"

她还说："我也想要幸福的婚姻，凭什么别人的婚姻能过得那么好，我就得这样凑合过一辈子呢？"

课程结束半年后，我收到伊伊的信息："我离婚了，终于解脱了。"

又过了一年多，我再次收到她的信息，说已经找到了新的爱情，对方是做创意产品的，人很有趣，也很疼她。两个人已经领证，开始经营自己的幸福婚姻。

所以，婚姻中出现问题并不可怕；可怕的是，明明知道有问题，却不关注、不解决。事实上，只要我们直面问题，并去认真解决，总能找到解决的办法。

以上 3 个案例，就是对婚姻中所积累问题的不同处理方法。生活细节的小冲突，可以用适合的方法去化解；大的方向性问题，可以通过婚姻规划来确认。两个人实在不合适，还可以重新做选择。当然这个选择，是知道了自己真正要什么后的选择，是清晰思考后的决定，而不是一时的情绪冲动。

已经离婚了,还要不要学习5种能力

接下来,我们再来回答第四个问题。第四个问题是:我离婚了,也不知道什么时候能开始新的婚姻,还有必要学习幸福婚姻的5种能力吗?

简宁是离婚一年后约我做的辅导咨询。在辅导中,她发现,原本两个人离婚,是因为都觉得"对方老是故意和自己作对",但其实没有谁是故意的,而是两个人的心理偏好本身就存在非常大的差异。

简宁的心理类型是 ISFJ 照顾者型,她前夫老廖的心理类型是 INTJ 专家型。学习了第二个能力"接纳差异"后,你会发现,他们俩的心理偏好,虽然在"能量倾向"和"行为方式"这两个维度上相同,但在"接收信息方式"和"处理信息方式"这两个维度上都有着非常大的差异。

接收信息方式:感觉型 S—直觉型 N

在接收信息方式上,简宁是感觉型,关注当下的、具体的、可操作的和细节;老廖是直觉型,关注未来的、宏观的、趋势的和框架。

知道了两个人的偏好差异后,简宁说:"我现在才发现,原来我们俩之间那么多的不满意、看不上,主要都是这个维度不一样的原因。以前不知道啊，因为这真是没少吵架。"

"他嫌我眼光短浅，不上档次；我嫌他好高骛远，人不踏实。现在看来，如果两个人在这个维度上能够互补，一个把方向、一个抓落实，这样其实可以配合得很好。"

处理信息：情感型 F—思维型 T

同样，在处理信息方式上，简宁是情感型，关注人，关注彼此的情绪、情感和相互之间的回应，而老廖是思维型，关注事，关注目标、效率、方法和结果。

所以，每当简宁给老廖谈情绪时，老廖就给她讲道理。简宁觉得老廖不理解自己，而老廖则觉得简宁是"好好的日子不想过，整天没事找事，瞎折腾"。

后来，在学习5种能力后，简宁说："以前是认为两个人没有爱了，所以才离的婚。现在看来，是两个人根本就不知道怎么好好相处、好好爱。"

"虽然上一段婚姻，以失败告终，但我现在还是会感谢老廖，也感谢自己。如果没有这段经历，我不会关注和学习经营幸福婚姻的能力。现在我对自己更有信心了，也期待能够走入新的幸福婚姻。"

所以，对于这个问题，我和明心勇的建议是：离婚了，还不知道什么时候能进入新婚姻时，更有必要学习幸福婚姻的5种能力。

因为学习和提升幸福婚姻的经营能力，不仅能让你对曾经的婚姻经历有更加清晰而客观的认知，知道以前出现问题的原因和适合的解决方法，让你再遇到类似情况时，可以更妥善地应对；更重要的是，可以帮助你在进入下一段婚姻前，就能预判自己未来的婚姻，让你更有可能在对的时间，遇到那个能和你一起成长的对的人。

4条准则，让你的婚姻进入正向循环

刚才我们解答了大家提问比较多的四类问题，那也有学员问："在婚姻中遇到问题和困惑时，你和明心勇是如何确保两人目标统一、持续前行的呢？"

在这方面，我们分享4条幸福婚姻的成长准则，供你参考使用。

1. 回到目标

第一条准则，就是回到目标。每当我和明心勇在婚姻中遇到问题或困惑时，无论这个问题或困惑是什么，我们都会先回到婚姻的前行目标上，认真思考下，突破这个困难，会不会让我们的婚姻更幸福？如果会，我们就排除万难，全力突破；如果不会，那它只是幸福婚姻路上的干扰，避开它，继续前行就可以了。

通常情况下，遇到困难后，我和明心勇都会问自己两个问题。第一个问题，就是我要不要拥有一份幸福婚姻？如果要，接下来就会问第二个问题：这是不是实现婚姻幸福的必经之路？

> 我要不要拥有一份幸福婚姻？
> 这是不是实现婚姻幸福的必经之路？
>
> ——明心夫妇成长箴言

你也可以和爱人借鉴这个准则。当两个人又发生冲突，或是婚姻中遇到问题和困难时，问问自己，"我还想要拥有一份幸福婚姻吗？""解决当下这个问题，是实现婚姻幸福的必经之路吗？"

可能有的朋友会说："这不是明摆着的嘛，谁不想拥有一份幸福婚姻呢？"但现实却是，有很多夫妻在婚姻成长的道路上，走着走着，遇到点问题和困难，就把原来订立的目标，抛在了脑后，陷入婚姻生活的琐事和纷争中不能自拔。

下面这个故事，可以帮你验证下自己对目标的把握程度。

一位企业家给几个期望在商业上有所成就的青年讲故事。

企业家说："有三只猎狗在追一只土拨鼠，土拨鼠钻进了一个树洞。这个树洞只有一个出口，可不一会儿，居然从树洞里钻出了一只兔子。"

"兔子飞快地向前跑，爬上了另一棵大树。兔子在树上，慌忙中没站稳，掉了下来，砸晕了正仰头看的三只猎狗，最后，兔子终于逃脱了。"

故事讲完后，企业家问："这个故事有什么问题吗？"

"兔子不会爬树！"一个年轻人抗议道。

"一只小兔子怎么可能同时砸晕三只猎狗呢？"另一个年轻

人提出这样的疑问。

直到再也没人能挑出毛病了，企业家才说："还有一个问题，你们没有提到，那就是土拨鼠哪里去了？"

和故事中这几个年轻人一样，在婚姻生活中，也有很多人经常被遇到的问题和困难带跑，却忽略了自己最初前行的目标。

列夫·托尔斯泰曾经说过："人活着要有生活目标，一辈子的目标，一段时期的目标，一个阶段的目标，一年的目标，一个月的目标，一个星期的目标，一天的目标，一个小时的目标，一分钟的目标。"而在我和明心勇看来，回到目标，就是把人生目标和当下目标统一起来。这样我们才能时刻记住目标，而不被眼前的干扰、纷争或是困难，带着偏离了自己前行的方向。

2. 为自己承担

第二条准则，是为自己承担。目标清晰了，接下来就是实践。婚姻中，夫妻俩最容易出现的问题就是，同样一个目标，两个人都希望对方去承担、去改变，而自己坐享其成，直接收获一份幸福的婚姻。

回到前面的四类问题，不论是"遇到困难想放弃""爱人不变，我还要不要改变""之前积累的问题太多，怎么处理"，还是"已经离婚，还要不要学"，其实归根到底，都是在问"我想要一份幸福的婚姻，但自己不想为此承担，我要怎么办"。而在回答这四个问题时，我和明心勇核心告诉大家的就是：去做幸福婚姻的主人，并为自己的选择承担。

一般遇到某些情况，需要使用这个准则时，我和明心勇喜欢多问问自己，比如"我要做点什么，就能让现在的问题少一点""我要做点什么，就能让婚姻现状好一些"，又或者是"我要做点什么，就会让你感觉更舒服一些"……

> 我做点什么，婚姻的现状就会更好一些？
> ——明心夫妇成长箴言

这个问题，看似简单平实，却能够很快地就把抱怨和指责爱人的目光转向自己，会引导你去为自己订立的目标努力，而不是攀比对方。

写到这里，我想到了伊索寓言中《赫拉克勒斯与马车夫》的故事，或许会给你带来些启发。

赫拉克勒斯（Hercules），是古希腊神话中最伟大的英雄，死后成为大力神。一次有个马车夫沿着泥泞的乡间小道驱赶马车，后边装了满满一车货物。路上辀辘在泥潭里陷了半截，结果几匹马使出浑身的力气还是拉不动辀辘。

马车夫就站在那里，无可奈何地袖手旁观，不时大声呼喊赫拉克勒斯，祈求帮助。这时赫拉克勒斯显现了，但是赫拉克勒斯对马车夫说："小子，你把肩膀顶住辀辘，用棍子驱赶你的马，然后你才可以请求我帮你一把。要是你连举手之劳都不肯，就休想指望我或任何一个人前来帮助你。"

心理学家维克多·E.弗兰克尔（Viktor Emil Frankl）说："每个人都被生命询问，而他只有用自己的生命才能回答此问题；只有以负责来答复生命。因此，能够负责是人类存在最重要的本质。"

所以，如果你的目标是想收获一份幸福婚姻，千万别想着去指望他人。因为，你才是自己人生的主人。在婚姻中，无论爱人变还是不变，首先我们自己要持续地成长和改善。

3. 给对方时间

第三条准则，是给对方时间。成长是生命的本能。如果爱人在婚姻成长中遇到了困难，那么，请像对待刚开始学走路的孩子一样，去安慰他、鼓励他、支持他和陪伴他，耐心地给他成长的时间。

当然，这种等待，并不是要一个人为另一个人做出牺牲，而是在生命成长的过程中，以另外一种心态，去享受当下美好的生活。

就以生活中常见的等电梯为例。当你站在电梯门前，紧盯着楼层显示屏，希望电梯快点到时，你会觉得等待的时间很长，自己也很着急；但如果这时候你放松点，想一想自己正在做的事情，或是看一看身边的人，你会发现一些很有意思的事情，而要等的电梯也很快就来了。

所以，在"给对方时间"这个准则的使用上，我和明心勇鼓励大家：做好自己的事，以平常心看待，静待花期到来。

> 做好自己的事，以平常心看待，静待花期到来
> ——明心夫妇成长箴言

这里分享第三个寓言故事《安的种子》，希望在尊重生命成长规律方面，对你能有新的启发。

老和尚分别给三个小和尚每人一颗珍贵而古老的莲花种子，希望他们能把种子种出来，生根发芽，绽放出千年莲花。

第一个小和尚，名叫"本"。本非常想得"第一"。于是，他不管不问，也不想知道种子该在什么时间、什么地点种，就按自己想象的方式种下了。可是，他等了很久，种子也没有发芽，于是他一生气，就刨了地、摔断了锄头，不干了。

第二个小和尚，名叫"静"。静认为，想要种子发芽，一定要用最好的方法。于是，静选用了最好的盆、最好的书上介绍的方法、最温暖的花房、最名贵的药水和花土。过了不久，静的种子发芽了，静又用金罩子罩住它。可是，由于小幼芽得不到阳光和氧气，没过几天就枯死了。

最后一个小和尚，名叫"安"。安接到种子后，把它装进小布袋里，挂在自己胸前，像平常一样生活。他去集市为寺院买东西，清扫积雪，和以前一样做斋饭，去挑水和散步。等到春天来了，安把种子种到了池塘里，不久，种子发芽了。安欣喜地看着眼前的绿叶。后来，一个盛夏的清晨，在温暖的阳光下，古老的千年莲花轻轻地盛开了。

法国小说家巴尔扎克说："善于等待的人，一切都会及时来到。"只有在婚姻中给爱人以足够的尊重和耐心，陪伴他共同成长，我们才能收获婚姻的春天，培育出幸福婚姻的"一路馨香"。因为，万物有时，万物有序。给爱人时间，就是给你的幸福婚姻自由生长的空间。

4. 因上精进,果上随缘

第四条准则,是因上精进,果上随缘。世间有一条重要的法则,那就是因果定律。迦那陀曾说过,"没有因,就没有果";英格索尔也说,"幸福不是奖赏,而是结果"。

我和明心勇在多年的幸福婚姻经营中,发现了一个最基础的道理,那就是原以为幸福生活需要把婚姻中最难的事做好;但实际上,以安静的心,把生活中最简单的事做好、做到位、做出成效,才是婚姻中每天需要修行的功课。

> 把生活中最简单的事
> 做好、做到位、做出成效
> 才是婚姻中每天需要修行的功课
> ——明心夫妇成长箴言

《三国志·蜀书·先主传》中记载,刘备曾劝勉其子刘禅"勿以善小而不为,勿以恶小而为之",这句话在婚姻中同样适用。即便夫妻俩感情基础再好,也禁不起今天吵、明天闹的长期消耗;同样,想要实现幸福婚姻的目标,也不是说立刻就会有大变化,而是要围绕目标,立足自身,每天向前一小步。这时候,你会发现:原来最美的时光在路上,幸福不在远方,就在当下,就在日常生活的点点滴滴中。

这里要给大家分享的第四个故事,是《智者的四句箴言》。

一位 16 岁的少年去拜访一位年长的智者。

他问:"我如何才能变成一个自己愉快、也能够给别人愉快的人呢?"

智者说:"我送给你四句话。"

"第一句话是,把自己当成别人。也就是在遇到痛苦忧伤的时候,把自己当成是别人,这样痛苦就自然减轻了;当欣喜若狂的时候,把自己当成别人,那些狂喜也会变得平和中正些。

"所以,把自己当成别人,可以让我们不以物喜,不以己悲。而自然界的万物,本身就是如此,我们生不带来,死不带去,没有什么真是自己的。"

少年记下了。

"第二句话,是把别人当成自己。"智者继续说。

"把别人当成自己,这样就可以真正同情别人的不幸,理解别人的需求,并且在别人需要的时候给予帮助。

"世间事,一生二、二生三、三生万物,什么事都是你中有我,我中有你,没有绝对的分离。所以,把别人当成自己,不仅能让我们体会到,世间的事是普遍联系着的,而且还可以让我们生出同理心。"

少年点头记下了。

智者继续说:"第三句话,是把别人当成别人。"

"这句话的意思是说,要充分地尊重每个人的独立性,在任何情形下都不可侵犯他人的核心领地。

"人与人之间,是有区别的,哪怕再亲近的人,也有彼此的心理距离,有各自的成长轨迹。所以,把别人当别人,我们要学会尊重他人。"

少年再次点头，说记下了。

智者颔首，然后继续说："那第四句话就是，把自己当成自己。"

"这句话的含义，是要让我们回归本心，去做好自己。人各有志，这里的志，就是我们一生前行的方向。

"在任何时候，不要偏离自己的本心，想要做到尊重自然，我们首先要尊重自己，找到内心自己真正的老师，去做好此生想做的事。"

少年点头，记下了，然后问："这四句话单独之间，都是成立的；可是，放在一起时，发现有许多矛盾之处，我用什么才能把它们统一起来呢？"

智者回答："很简单，用一生的时间，因上精进，果上随缘。"

少年沉默了很久，然后叩首告别。

后来少年变成了壮年人，又变成了老人。再后来在他离开这个世界很久以后，人们都还时时提到他的名字。人们都说他是一位智者，因为他是一个快乐的人，而且也给每一个见到过他的人带来了快乐。

英国作家塞缪尔·巴特勒（Samuel Butler）说："一旦我们不停地关注那些我们能够完成的小事，不久我们就会惊奇地发现，我们不能完成的事情实在是微乎其微。"把幸福婚姻当成自己每天要做的事，为自己承担，给对方时间，相信你也可以收获幸福的婚姻，主宰自己的幸福人生。

第 08 章
为自己的选择承担，持续前行

重点回顾

在婚姻成长的过程中，我们遇到困难时可以遵循 4 条成长法则，分别是：①回到目标；②为自己承担；③给对方时间；④因上精进、果上随缘。

感悟与思考

北卡罗来纳大学的唐纳德·鲍科姆（Donald Baucom）博士研究发现，对自己婚姻有着最高期望的夫妻，婚姻的质量常常也很高。

请认真回顾以下几点：

一、在以往的婚姻生活中，你有没有出现过遇到困难就逃避或是放弃的行为模式？如果有，在本章的学习过程中，你对这种行为模式有没有新的觉察？再出现类似情况时，你准备如何调整？如果没有，你会做些什么来保持现在的成长方式，让婚姻更上一个新台阶？

二、在以往的婚姻生活中，你有没有出现过遇到问题和困难就想让爱人改变、而自己不想变的行为模式？如果有，在本章的学习过程中，你对这种行为模式有没有新的觉察？再出现类似情况时，你准备如何调整？如果没有，你会做些什么来保持现在的成长方式，让婚姻成长成为常态？

三、在以往的婚姻生活中，你有没有出现过对于婚姻中积压的问题和困惑，一直不想去触碰和解决的情况？如果有，在本章的学习过程中，你对这些积压的问题和困惑，有什么新的想法？准备怎么去解决？如果没有，你会做些什么来提醒自己避免发生类似情况？

四、请围绕你设定的目标，学习和体悟婚姻成长的4条准则；然后和爱人一起，围绕你们在婚姻成长中可能遇到的问题，制订出你们自己的婚姻成长准则。

结 语

幸福婚姻是人生的礼物

如果说每个人出生时,上天都给我们准备了一份礼物,那我和明心勇的礼物,就是要在此生收获一份幸福美满的婚姻,并把这份礼物分享给更多人。

曾有学员问:"如果我按照幸福婚姻5种能力,去经营自己的婚姻生活,到最后目标实现了却不是我想要的,该怎么办?"

我和明心勇的回答是:"你的目标还没有实现,你怎么知道这不是你想要的呢?你的目标还没有实现,你怎么就知道这是你想要的呢?"

所以,想要实现目标,就必须要实践;而只要你实践,就会有收获。幸福婚姻对我们的人生而言,不仅能让我们收获内在的成熟与美好,还能让我们和自己、他人及这个世界,和谐相处,共沐幸福的阳光。

幸福婚姻是送给自己最好的礼物。亲密关系研究发现，人类社会属性的核心部分正是对亲密关系的需要，亲密关系中包含有人的归属需要。

而在幸福婚姻研究中我们也发现，一份幸福美满的婚姻，不仅能让人们收获归属感和爱，还能满足生理、安全、尊重、认知、审美、自我实现和自我超越等不同层次的需要[1]。幸福婚姻，既是建立和维持亲密关系的最佳环境，也是人生成长最好的礼物。

幸福婚姻是送给爱人最好的礼物。爱人需要什么？需要你的"了解、关心、相互依赖、相互一致、信任和承诺"。研究证明，亲密关系和泛泛之交在这六个方面有着明显的程度差异，而幸福婚姻会从这些角度给爱人带来更好的情绪体验。

研究还发现，那些能与关心自己的人愉快相处的人和缺乏这种社会联系的人相比，前者对他们的生活更为满意（Nezlek et al., 2002）。所以，与不快乐的伴侣关系相比，快乐而满意的伴侣关系能带来更多的幸福感。

幸福婚姻是送给孩子最好的礼物。一项研究中发现，生活在父母相互敌视的家庭环境里的孩子，与其他儿童相比，有慢性应激激素水平增高的症状。研究者跟踪这些孩子到15岁时发现，与其他同龄孩子相比，这些孩子的行为会表现出逃学、抑

---

[1] 心理学家马斯洛（1970）系统总结了需要层次理论。按照马斯洛的观点，人类的需要按等级方式排列，由低到高依次是生理需要、安全需要、归属和爱的需要、尊重需要、认知需要、审美需要、自我实现的需要。尽管人类真实的动机更加复杂，但是马斯洛的理论为总结动机因素提供了一个有用的框架。

郁、不合群、攻击他人和成绩下滑等一系列问题。

与父母敌对的家庭不同，幸福婚姻家庭中的孩子身心更健康，成长得更好。哈佛大学的研究结果显示，成功只能影响我们幸福感的 10%，剩下的 50% 是基因决定的，另外 40% 是我们的心理决定的。父母是离孩子最近的人，家庭教育是孩子启蒙教育的第一步。作为父母，除了教孩子学知识、学技能以外，更需要做的是通过幸福的婚姻和家庭环境来影响并培养孩子那 40% 的幸福感。

幸福婚姻是回馈父母最好的礼物。 当父母被问到对孩子的期望是什么时，最常见的回答是，"希望孩子能够快乐、健康和幸福地生活"。但什么样的生活才是幸福的？很多人的答案并不清晰，也不统一。

有人认为，想要幸福，首先要有好的成绩，进入好的大学，然后找到好的工作，最后要获得成功和财富。然而心理学家戴维·迈尔斯（David Myers）发现，幸福与财富之间的关联度非常低。如果不是为了满足基本的生存需求，金钱并不能给人们带来更多的幸福感受。

诺贝尔经济学得主丹尼尔·卡尼曼（Daniel Kahneman）在研究中也发现，高收入的人对生活会比较满足，但不会因此而比其他人更幸福，他们甚至更容易紧张，也不太会享受生活。收入对于生活的影响是短暂的。所以，高收入并不等于快乐，幸福和财富也没有必然联系。

幸福婚姻则不同。对婚姻满意度高，在婚姻中能感受到快乐和幸福的人，会自然洋溢出幸福的气息。即使没有多么出众的社会地位和财富，也仍然会让父母感到踏实和安心。

幸福婚姻是送给朋友最好的礼物。这十几年，我和明心勇共同认识了不少朋友。大家普遍的反馈是，和我们俩在一起，可以体会到幸福的味道。也有学员说："听了你们的课，内心一下被唤醒了，眼前出现了新的生活画面。整个人像被重新安排了一样，知道自己到底要的是什么了。"

亚里士多德说："幸福是生命本身的意图和意义，是人类存在的目标和终点。"拥有幸福婚姻的人，无论何时何地，都像拥有了爱的能量团，能够做好自己、影响他人。就像杨阳后来说的那样，"以前是环境影响我，现在是我开始影响环境"。对于朋友来讲，幸福婚姻本身就是最好的礼物，让人心生向往，想要靠近并拥有。

还是幸福海岸咖啡馆，3年前，我在这里将幸福婚姻的5种能力分享给了杨阳。她不仅建设了自己的幸福婚姻，还将幸福和快乐的感受分享给了身边的更多人。

现在，我们坐在这里，将幸福婚姻的5种能力写进这本书，愿这本书能成为一束微弱而坚定的光，照亮着你追求幸福生活的道路。无论你现在是一个人，还是已经有了爱人和孩子，都希望能点亮心灯，去建设幸福婚姻，拥有幸福的人生！

幸福婚姻，是人生的礼物。你收到自己的礼物了吗？

参考文献

车文博，2001. 心理咨询大百科全书［M］. 杭州：浙江科学技术出版社.

戈特曼，西尔弗，2014. 幸福的婚姻：男人与女人的长期相处之道［M］. 刘小敏，译. 杭州：浙江人民出版社.

格里格，津巴多，2003. 心理学与生活［M］. 16版. 王垒，王甦，等译. 北京：人民邮电出版社.

凯尔西，2011. 请理解我［M］. 王甜甜，译. 北京：中国城市出版社.

米勒，2015. 亲密关系［M］. 6版. 王伟平，译. 彭凯平，审校. 北京：人民邮电出版社.

AHMETOGLU G, SWAMI V, CHAMORRO-PREMUZIC T, 2010. The relationship between dimensions of love personality, and relationship length[J]. Archives of Sexual Behavior, 39: 1181-1190.

AMATO P R, BOOTH A, JOHNSON D R, ROGERS S J, 2007. Alone together: how marriage in America is changing[M]. Cambridge,

MA: Harvard University Press.

BAXTER L A, 2004. Relationships as dialogues[J]. Personal Relationships, 11: 1-22.

BECK L A, CLARK M S, 2010. What constitutes a healthy communal marriage and why relationship stage matters[J]. Journal of Family Theory & Review, 2: 299-315.

BERKMAN L F, GLASS T A, 2000. Social integration, social networks, social support and health[M]//In BERKMAN L F, Kawachi I (Eds.), Social epidemiology (pp. 137-174). New York: Oxford University Press.

BLACK J E, GREENOUGH W T, 1986. Induction of pattern in neural structure by experience: Implications for cognitive development[J]. Advances in Developmental Psychology, 4: 1-50.

BURMAN B, MARGOLIN G, JOHN R S, 1993. America's angriest home videos: behavioral contingencies observed in home reenactments of marital conflict[J]. Journal of Consulting and Clinical Psychology, 61: 28-39.

CLARK M S, GROTE N K, 1998. Why aren't indices of relationship costs always negatively related to indices of relationship quality? [J] Personality and Social Psychology Review, 2: 2-17.

CLARK M S, LEMAY E P, GRAHAM S M, PATAKI S P, FINKEL E J, 2010. Ways of giving benefits in marriage: Norm use, relationship satisfaction, and attachment-related variability[J]. Psychological Science, 21: 944-951.

CLARK M S, MILLS J, 1993. The difference between communal and exchange relationships: what it is and is not[J]. Personality and Social Psychology Bulletin, 15: 684-691.

DUNLEAVY K N, BOOTH-BUTTERFIELD M, 2009. Idiomatic communication in the stages of coming together and falling apart[J]. Communication Quarterly, 57: 416-432.

EMMERS T M, DINDIA K, 1995. The effect of relational stage and intimacy on touch: an extension of Guerrero and Andersen[J]. Personal Relationships, 2: 225-236.

ERBERT L A, 2000. Conflict and dialectics: perceptions of dialectical contradictions in marital corflict[J]. Journal of Social and Personal Relationships, 17: 638-659.

FEHR B, 1999. Stability and commitment in friendships[M]// In. ADAMS J M, Jones W H (Eds.), Handbook of interpersonal commitment and relationship stability (pp.259-280). Dordrecht, Netherlands: Kluwer.

FINCHAM F D, 2003. Marital conflict: Correlates, structure,and context[J]. Current Directions in Psychological Science, 12: 23-27.

FINCHAM F D, HAROLD G T, GANO-PHILLIPS S, 2000. The longitudinal association between attributions and marital satisfaction: Direction of effects and role of efficacy expectations[J]. Journal of Family Psychology, 14: 267-285.

FLORA C, 2007. Gut almighty[J]. Psychology Today.

FLOYD K, BOREN J P, HANNAWA A F, HESSE C, MCEWAN B,

VEKSLER A E, 2009. Kissing in marital and cohabiting relationships: effects of blood lipids, stress, and relationship satisfaction[J]. Western Journal of Communication, 73: 113-133.

GOTTMAN J M, 1994. Why marriages succeed or fail[M]. New York: Simon & Schuster.

GOTTMAN J M, CARRÈRE S, 1994. Why can't men and women get along? Developmental roots and marital inequities. In D[M]// J. Canary DJ Stafford L (Eds.), Communication and relational main-tenance (pp.203-229). San Diego: Academic Press.

GOTTMAN J M, LEVENSON R W, 1992. Marital processes predictive of later dissolution: Behavior, physiology, and health[J]. Journal of Personality and Social Psychology, 63: 221-233.

GREENOUGH W T, BLACK J E, 1992. Induction of brain structure by experience: Substrates for cognitive development[J]. Developmental Behavior Neuroscience, 24: 155-200

HARASYMCHUK C, FEHR B, 2011, January. Relational boredom: verification of a prototype structure using explicit and implicit measures[C]. Poster presented at the meeting of the Society for Personality and Social Psychology, San Antonio, TX.

HELMS H M, WALLS J K, CROUTER A C, MCHALE S M, 2010.Provider role attitudes,marital satisfaction, role overload,and housework: a dyadic approach[J]. Journal of Family Psychology, 24: 568-577.

HOHMANN-MARRIOTT B E, 2006. Shared beliefs and the

union stability of married and cohabiting couples[J]. Journal of Marriage and Family, 68: 1015-1028.

HOLT-LUNSTAD J, BIRMINGHAM W A, LIGHT K C, 2008. Influence of a "warm touch" support enhancement intervention among married couples on ambulatory blood pressure, oxytocin, alpha amylase, and cortisol[J]. Psychosomatic Medicine, 70: 976-985.

HUGHES S M, FARLEY S D, RHODES B C, 2010. Vocal and physiological changes in response to the physical attractiveness of conversational partners[J]. Journal of Nonverbal Behavior, 34: 155-167.

HUSTON T L, CHOROST A F, 1994. Behavioral buffers on the effect of negativity on marital satisfaction: A longitudinal study[J]. Personal Relationships, 1: 223-239.

KLEINKE C L, 1986. Gaze and eye contact : A research review[J]. Psychological Bulletin, 100: 78-100.

KOBALL H L, MOIDUDDIN E, HENDERSON J, GOESLING B, BESCULIDES M, 2010. What do we know about the link between marriage and health? [J] Journal of Family Issues, 31: 1019-1040

LAUER J, LAUER R, 1985. Marriages made to last[J]. Psychology Today, 6: 22-26.

LUO S, 2009. Partner selection and relationship satisfaction in early dating couples: the role of couple similarity[J]. Personality and Individual Differences, 47: 133-138.

MARKMAN H, STANLEY S, BLUMBERG S L, 1994. Fighting for your marriage: positive steps for preventing divorce and preserving a lasting love[M]. San Francisco: Jossey-Bass.

McNULTY J K, 2010. When positive processes hurt relationships[J]. Current Directions in Psychological Science, 19: 167-171.

MEHL M R, VAZIRE S, HOLLERAN S E, CLARK C S, 2010. Eavesdropping on happiness: well- being is related to having less small talk and more substantive conversations[J]. Psychological Science, 21: 539-541.

MILARDO R M, JOHNSON M P, HUSTON T L, 1983. Developing close relationships: changing patterns of interaction between pair members and social networks[J]. Journal of Personality and Social Psychology, 44: 964-976.

MYERS D G, 2004. Intuition: Its powers and perils[M]. New Haven: Yale University Press.

NARDONE N, LEWANDOWSKI G, 2008, February. The relation of self-expansion to well-being and relationship quality[C]. Poster presented at the meeting of the Society for Personality and Social Psychology, Albuquerque, NM.

NEZLEK J B, RICHARDSON D S, GREEN L R, SCHATTEN-JONES E C, 2002. Psychological well- being and day-to-day social interaction among older adults[J]. Personal Relationships, 9: 57-71.

PAPP L M, CUMMINGS E, M, GOEKE-MOREY M C, 2009. For richer,for poorer: money as a topic of marital conflict in the home[J]. Family Relations, 58: 91-103.

PETERSON D R, 2002. Conflict[M]// In Kelley H H, BERSCHEID E, Christensen A et al. (Eds.), Close relationships (pp.265-314). Clinton Corners, NY: Percheron Press.

RUBIN Z, 1973. Liking and loving[M]. New York: Holt, Rinehart & Winston.

SAXTON T K, BURRISS R P, MURRAY A K, ROWLAND H M, ROBERTS S C, 2009. Face, body and speech cues independently predict judgments of attractiveness[J]. Journal of Evolutionary Psychology, 7: 23-35.

SLOAN D M, 2010. Self-disclosure and psychological well-being[M]// In Maddux J, Tangney J P (Eds.), Social psychological foundations of clinical psychology (pp. 212-225). New York: Guilford Press.

SMITH T W, CRIBBET M R, UCHINO B N, WILLIAMS P G, MACKENZIE J, NEALEY-MOORE J B, THAYER J F, 2011. Matters of the variable heart: respiratory sinus arrhythmia response to marital interaction and associations with marital quality[J]. Journal of Personality and Social Psychology, 100: 103-119.

SPRECHER S, FEHR B, 2011. Dispositional attachment and relationship-specific attachment as predictors of compassionate love for a partner[J]. Journal of Social and Personal Relationships, 28: 558-574

SPRECHER S, REGAN P C, 1998. Passionate and companionate

love in courting and young married couples[J]. Sociological Inquiry, 68: 163-185.

STANLEY S M, BRADBURY T N, MARKMAN H J, 2000. Structural flaws in the bridge from basic research on marriage to interventions[J]. Journal of Marriage and the Family, 62: 256-264.

STRONG G, ARON A, 2006. The effect of shared participation in novel and challenging activities on experienced relationship quality: Is it mediated by high positive affect? [M]// In K. D. Vohs & E. J. Finkel (Eds.), Self and relationships: Connecting intrapersonal and interpersonal processes (pp.342-359). New York: Guilford Press.

SURRA C A, LONGSTRETH M, 1990. Similarity of outcomes, interdependence, and conflict in dating relationships[J]. Journal of Personality and Social Psychology, 59: 501-516.

TAVRIS C, 1989. Anger: The misunderstood emotion[M]. New York: Simon and Schuster.

TSAPELAS I, ARON A, ORBUCH T, 2009. Marital boredom now predicts less satisfaction 9 years later[J]. Psychological Science, 20: 543-545.

TUCKER P, ARON A, 1993. Passionate love and marital satisfaction at key transition points in the family life cycle[J]. Journal of Social and Clinical Psychology, 12: 135-147.

WENDORF C A, LUCAS T, IMAMOĞLU E O, WEISFELD C C, & WEISFELD G E, 2011. Marital satisfaction across three cultures: Does the number of children have an impact after accounting for other marital demographics? [J] Journal of Cross-Cultural Psychology, 42: 340-354.

ZACCHILLI T L, HENDRICK C, HENDRICK S S, 2009. The romantic partner conflict scale: a new scale to measure relationship conflict[J]. Journal of Social and Personal Relationships, 26: 1073-1096.